U0458735

晋水之阳第一村

——古城营的前世今生

刘铁旦 主编

山西出版传媒集团

山西人民出版社

◎《晋水之阳第一村》编纂委员会

编 委 会 主 任：范世康

编委会副主任：闫润德　杜毛清

编 委 会 委 员：刘照华　乔　琰　常一民　穆文英　裴静荣
　　　　　　　　高　翔

编 委 会 顾 问：孟立正

主　　　　编：刘铁旦

副　主　　编：范润牛

撰稿 / 编辑：闫文盛　贾墨冰　申毅敏　王　钦　张德一

书 名 题 字：赵望进

编 修 人 员：杨增德　张东福　刘宝俊　张惠清　陈建民
　　　　　　　　董腊生　常风娥　张四玉　张翠平　张胜利
　　　　　　　　梁五儿　张润花　高亚兵　范文杰　朱建香
　　　　　　　　刘贵生　姚富生　张　燕　康宝玉　陈　佳
　　　　　　　　杜爱霞　梁亚茹　韩艳梅　杨兔花　张巧玲

摄影 / 插图：王秋喜　杨增德　李祥捷

封 面 设 计：杨增德　张　波

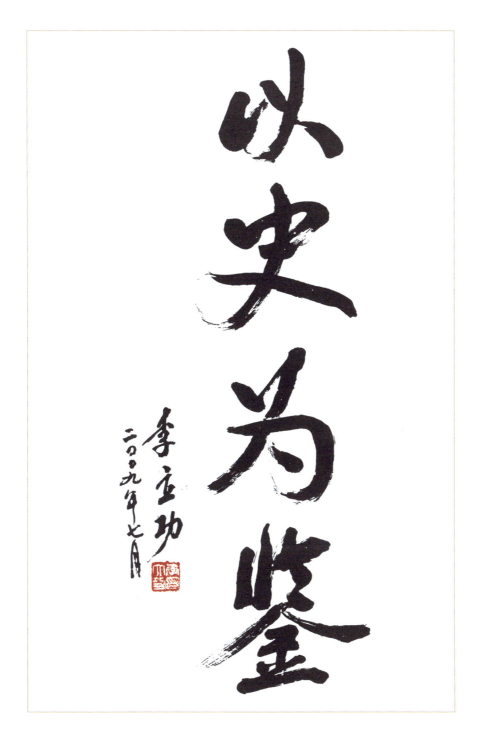

以史为鉴

中共山西省委原书记、太原县第一任县长李立功　题

弘扬晋阳文化
写好古城营村志

宿白 二〇〇七年腊月四

北京大学历史系教授宿白　题

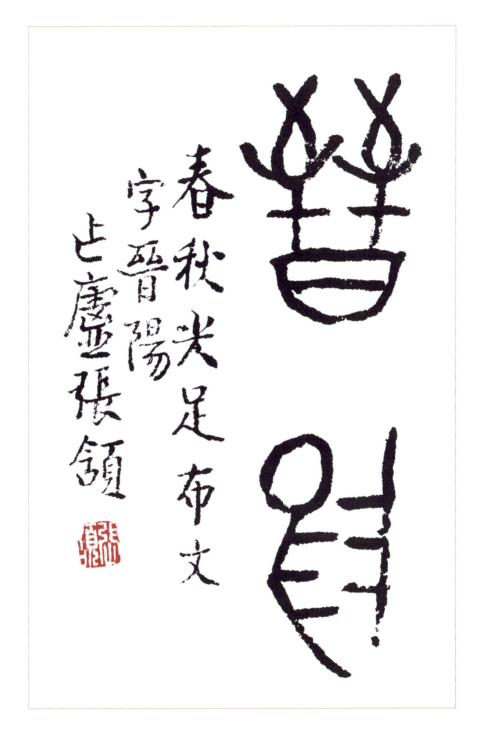

春秋尖足布文
字晋阳
上虞张颌
题

考古学家、古文字专家张颌 题

守护精神命脉 致力固本培元

贺古城营出版发行

李锋

山西省史志院副院长张铁锁　题

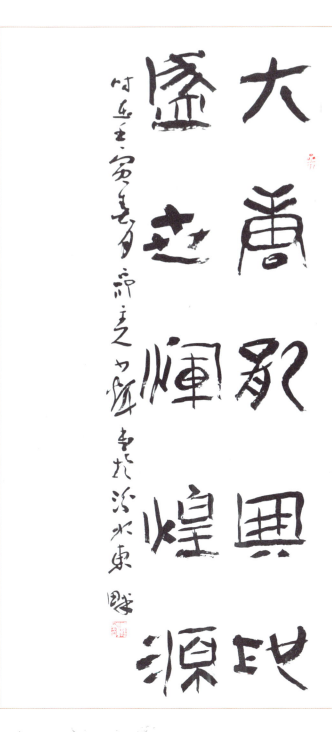

大唐永兴盛世
盛世辉煌源远

山西书法院院长韩少辉　题

省、市、区各级相关部门领导参加弘扬晋阳文化座谈会

市、区领导1998年11月在古城营村考察晋阳古城遗址

《晋水之阳第一村——古城营的前世今生》编修人员合影

知青岁月难忘古城营，回村重聚感恩故土情

晋阳古城遗址位置示意图

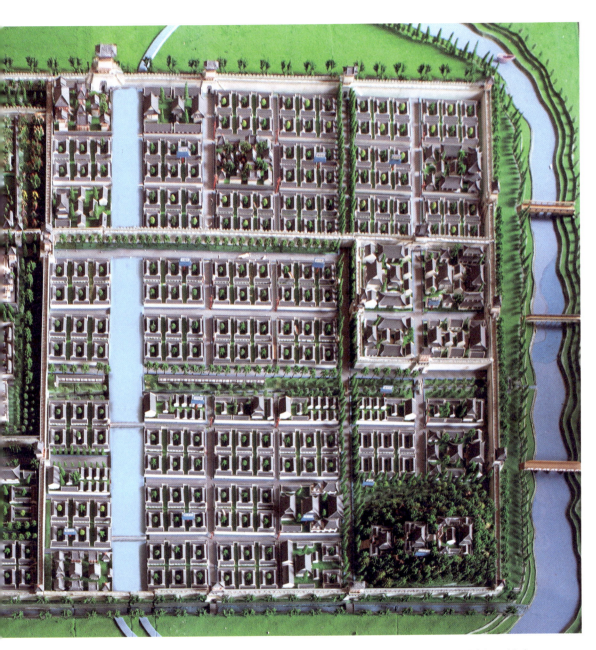

盛唐晋阳城复原沙盘

晋水之阳第一村

东

北

【晋阳古城】
遗址公园保护规划沙盘

南

西

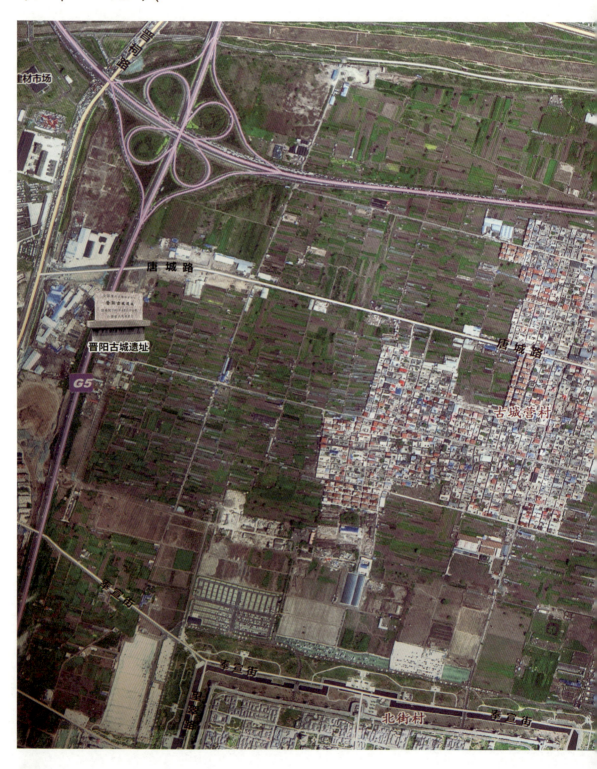

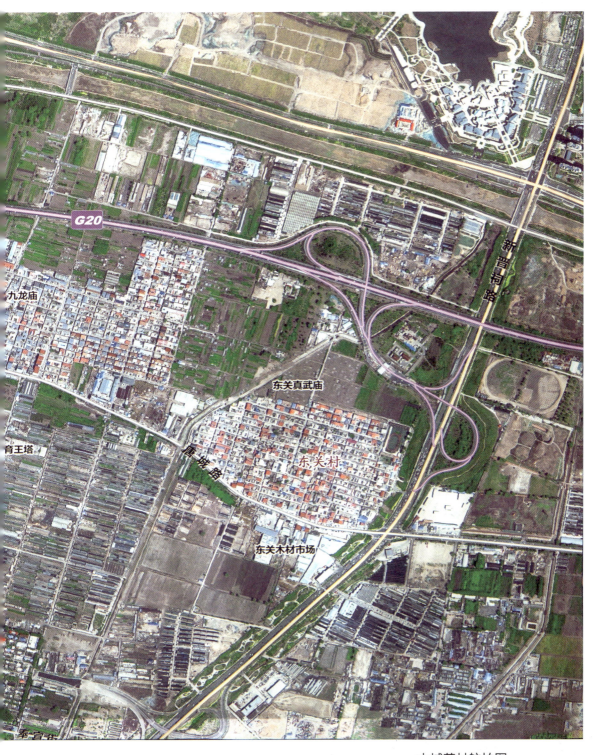

古城营村航拍图

古城营村党委书记兼村委会主任刘铁旦

刘铁旦，男，中共党员，现任古城营村党委书记、村委主任，历任晋源区人大代表、人大常委。他一贯热心支持文化事业，曾主持编辑出版了上百万字的古城营村志，为太原地区的地方志事业发展起到了带头示范作用。

村党委召开"不忘初心、牢记使命"主题教育推进会

古城营村村干部合影

古城营村班子成员

古城营村部分荣誉

刘铁旦勘查施工现场

铺设管道

路面硬化

煤改电施工

晋水之阳第一村

改建后的道路

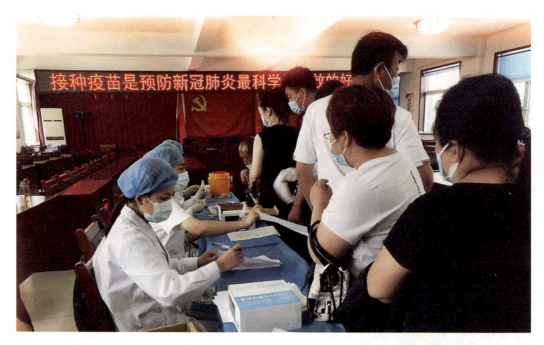

组织村民接种新冠疫苗

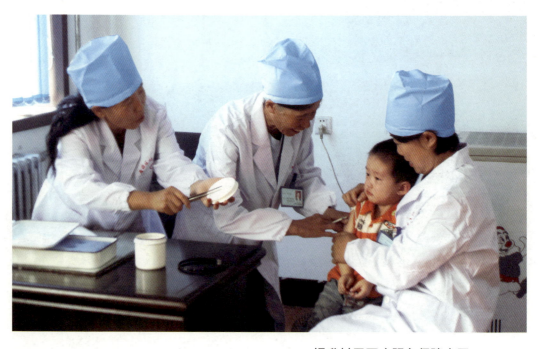

提升村民医疗服务保障水平

丰富多彩的民俗活动

七月唱大戏

元宵节彩车

晋源街道第二中学校学生上课

古城营中心小学校爱国主义教育活动

古城营中心小学校学生做科学小试验

梅芝园花卉市场

晋水之阳第一村

龙兴晋阳雕塑

九龙庙

九龙庙戏楼牌匾

晋阳古城西城墙遗址

晋阳古城二号基址

童子诵经壶

脊头瓦

摔跤俑

佛造像

阿育王塔

赤桥村古槐

龙天庙刘王殿

晋阳守正

　　晋源区古城营村的"两委"提议，在十年前修编出版《古城营村志》的基础上，再写一本《晋水之阳第一村——古城营的前世今生》新书，并且特邀著名书法家赵望进先生为之题写书名。对此，知其内情者认为，这个书名响亮直白，能够彰显"晋阳第一村"的鲜明个性，也便于读者了解古城营的整体概况，更便于古城营的后辈儿孙铭记乡愁，传承好优秀的晋阳文化。但也有一

晋水之阳第一村

些不知其所以然者觉得，这个书名字多句长，既不如经典的史学著作那样儒雅，也不像传统文学著作的名称那样简约。有鉴于此，主办方提出，有必要在成书出版时，先就再写新书的由来背景和宗旨要义给大家作个交待。

话说上个世纪的 1998 年，太原市为推进城乡一体化的发展，报请省政府和国务院批准，将原有的市辖"三城区两郊区"撤销，重新调整规划，在保留"老五区"基本构架的同时，还增设了一个城乡交错又融通古今的晋源新区。成立晋源新区干什么？首要的一项重大历史任务，就是严格保护好辖区范围内的山水自然资源和极其丰厚而又独特的人文历史资源。因为这个区域内不仅有"老天爷"恩赐的秀丽山水风光，还有"老祖宗"给后代积攒下的晋祠以及蒙山、太山、龙山和天龙山等价值连城的人文历史资源。更加难能可贵的是，这个区域内还有一座曾在历史上辉煌了1500 多年，之后又深埋在地下 1000 多年的晋阳古城遗址。对于这份极为珍贵的文化遗产，不仅中国历代的史学大家津津乐道，念念不忘，就连欧美、日本等国外的汉学家们也都翘首以盼，企盼着有朝一日，能使这份灿烂的文化遗产重见天日，既为中华民族的伟大复兴，也为全人类的文明进步再做贡献。果不其然，晋源新区成立后不久，国家有关部门和地方政府就把挖掘整理"活化"利用晋阳古城文化遗产的工作摆上重要议事日程，并且组织专家队伍开展了一系列的工作。面对这种局势，叠加在晋阳古城遗址核心部位之上的古城营村村"两委"班子成员和父老乡亲敏锐地意识到，政府对古城营村实施整体的拆迁安置或肢解分割改建，业已成为不可阻挡的大势。作为新时代的基层党组织和具有光荣传统的古城营人民，除了"舍小家为大家"，积极支持配合政府的工作之外，自身还能为子孙后代留点什么？于是大家集思广益：能不能依靠自己的力量，先修一部图文并茂的《古城营村志》，一来更好地凝聚人心，二来用于流传后世。可喜的是，古城营村"两委"率先修志的举措，不仅得到了广大村民的赞许，而且得到了省城社会各界的热情支持。经过几年的艰辛努力，该书终于在2009年正式出版问世！

　　按理说，古城营村"两委"和乡贤队伍在世纪之交能够自筹资金，编写上百万字的大型《村志》，这本身就说明他们是具有何等的文化自觉和使命担当。那么，在修志成书十几年之后，为什么还要劳心费神再写新书呢？个中原因概况地说来有两个方面：一是对修志的人员包括一些专家来说，有人认为修"村史"就只能说"村史"，而不

应该更多地牵扯乡村以外的东西。而另一些人则认为，追溯古城营村的"前世"，它并不是一个普通的"乡村"，而是一座在历史上赫赫有名的"雄壮古城"，既然现在的古城营村是由上溯到一千年以上甚至两千年以上的"古老城池"蜕变而来，那就不应当忽略了这段复杂多变的历史变迁过程。二是对许多关注古城营村当今和未来发展走势的年轻人来说，他们常常提出，政府和专家都说古城营村地底下蕴藏着丰富的宝贝，但谁又能拿出货真价实的东西来告诉世人，说服大家？上述两个方面的"专家争议"和年轻人的"质疑"，远不仅仅关系到修志的质量，弄不好将会直接影响到晋阳古城遗址的开发利用。好在是到了本世纪的 2010 年之后，政府组织的考古工作人员仅在古城营村南的一小块土地上进行了局部的挖掘，就成功地揭示出北宋王朝火烧水灌晋阳城后留存下来的部分宫殿、寺庙和民房遗迹。面对铁一般的事实，首先是当地的一些年轻干部和普通村民无不心悦诚服地说"单看晋阳古城遗址二号坑面世的这些文化遗产，就足以令人震撼不已，更不待说还有之后更加珍贵文物的陆续出土面世了"。再就是过去一些不大主张牵扯古城营"前世"的修志人员也转变了看法和态度。大家一致认为，不一般的古城营要修志书史，一定要再搞出一本与普通乡村不一样的史书志书。所谓的不一般和不一样，就是既要讲清楚公元979年赵宋王朝火烧水灌晋阳城之后，不屈不挠的晋阳人民是怎样英勇地从汾河之东又折回故地，重整旗鼓，结社建村，并且为什么要把他们生存的这个地方取名为"归德村"，还要讲清楚上溯到更为久远的，至少是在公元前497年，赵氏父子为什么要在晋水之阳选址修建这座特殊的"城池"，以及晋阳城修建之后在长达1500多年的历史变迁中，晋阳人民是怎样为中华文明的发展而励精图治，艰辛努力所创造的辉煌业绩。只有这样，才能从历史逻辑的关系上理清古城营村的前身是先辈们在晋阳古城遗址上结社建立的"归德村"，而"归德村"的前身又恰恰是建在历经风雨的古晋阳城遗址的"心脏上"。更需要特别讲清楚的是"归德村"的父老乡亲当时为什么非要回到已经火烧水灌了的废墟上重新结社建村，并且明白无误地将村名定为"归德村"。假如我们再从深层次上探究，是否就可以想见，顽强不屈的晋阳父老，他们重归故里的目的，不仅是为了重振祖业，更为重要的还在于不忘祖训，更加坚强地矢志弘扬祖德。如此说来，今天的古城营村"两委"提议要再出一本以"古城营前世"为主要内容的新书，也就不难看出书写新书的宗旨目的和核心要义了。

当然了，要照此宗旨要义把新书写好，也绝非轻而易举之事，确实需要主事者和编写者再下一番苦硬功夫。令我感动的是，作

晋水之阳第一村

为"万人大村"的古城营村村党委书记杜毛清同志和村委会主任刘铁旦同志，他们对晋阳文化传承的重视程度和编修此书的支持力度，在现有的乡村干部中恐怕是少有可比的。搜集资料和主要执笔的张德一以及一直参与编写的杨增德等几位乡贤老同志，大多是年事已高的本土人士。上述同志为了传承晋阳优秀文化，为了晋阳大地的复苏和兴旺发达，左一个十年，右一个十年，上下左右日夜奔波，其勤勉敬业精神，本身就值得我学习。我作为晋源新区的首任区委书记，在与他们相识共处的 20 多年中，无时不感受着他们的感染和激励。我常思考，这些基层干部和这些"壮心不已"的乡贤老同志，他们这 20 多年的辛劳，岂止是在为古城营修志出书，简直就是效法前贤，为古城营村的子孙后代，更是为晋阳大地的民间百姓在孜孜以求地修德积福。但愿古城营村再出的这本新书，在习近平总书记今年 5 月考察山西的重要讲话精神感召和指引下，能为再现古晋阳的美好风光增添一丝亮色！

（本文作者曾任晋源区区委书记，之后担任太原市副市长和中共太原市委常委、宣传部长）
于2020年盛夏之时

△唐·菩萨立像
1987年华塔村出土

总叙

　　称得起"晋水之阳第一村"的究竟是哪一村？我想许多人是会带着这样的疑问翻看这本书的。而本书也正是带着这个答案来面向读者的。是的，这里要浓墨重彩叙写的，便是吕梁山支脉西山脚下的太原市晋源区古城营村。

　　既然果真称得起"晋水之阳第一村"，那么为之著书立传是必然的。令人感叹的是，早在十年前，一本井然周详、具有学术品格的厚书《古城营村志》，就在这"第一村"两委班子的组织下完成编纂、出版面世了。我相信，无论是谁面对这煌煌大作，都会接收到一个村社鲜明的文化自信、文化自觉。而我们这本书，正是在已然推出《古城营村志》的基础上进一步打造的历史文化普及读物。

古城营村是太原市属范围内最大的村社，目前常住人口逾万。但这并不是"晋水之阳第一村"的核心要义。站在村子的田野间向西张望，西山的庞大身形是这般真切，一瞬之间便给足你穿越千年的梦幻。村南不远处，复建的明太原古县城隔街相望，似乎风头占尽，然而在古城营村村民眼里，这片城池之"古"，尚少了些岁月的沉淀。就在村子南部与古县城之间的一片田野里，一座宝藏已掀开了它的面纱——这不是别处，恰便是牵引了世界目光的晋阳古城遗址。

没错！古城营村的下面，就是晋阳古城！古城营村的历史，就是与晋阳古城相对应的"前世今生"。这是一座叠加在历史年轮上的恢宏之城，它的第一层桩基扎在 2500 多年前，奠基者便是那惊现于晋源区金胜乡的春秋大墓主人赵简子，他正是僭越天子诸侯之礼、铸春秋大鼎陪伴于地下的战国时代赵国基业开创之人。在西山屏障下的晋水之阳、汾水之畔，这座城池与这方土地的缘分是注定了的，有了这城，便有了水灌晋阳、豫让刺赵，便有了三家分晋、战国七雄……从春秋末期赵国都城，一直到五代十国北汉国都，晋阳城一直扮演着州郡治所、"龙潜"之地、霸府别都、王业之基。一座城池，兵家必争；涵养雄心，厚朴民风。而它的命运和归宿竟是那样一种悲壮的谢幕！曾存续了 1500 年的晋阳城，最终在见证了北汉政权灭亡之后，被大宋皇帝赵光义下令火烧水灌，倏然没入历史深处。历史的记载是确凿的：这是一座历经扩建，并作为"龙兴之地"在大唐时期达至鼎盛的北方名城，是与长安、洛阳并称三大都会的"北都""北京"，其拓展而成的西城、东城，与横跨汾河的中城相连，城周四十里，城门二十四。它的存在有多辉煌，它的毁灭就有多惨痛。而古城营村，就位于这座沉没了的古城核心区域正上方。如今，村西田野边上，尚存一段黄土夯筑的城墙，那就是 2000 多年前的晋阳，露出了它那让所有词句都不足以形容的肤色和臂膀。古城营村的历史，就出自煌煌古晋阳。这样一个村子，怎一个"第一"了得！

晋阳城惨遭毁灭后，百姓流离何去何从？而之后，"顽民"如何故园重逢？回归后的村庄何以命名"归德"？又如何改称"古城""古城营"？讲明白这样一个村庄，意味着点亮了多少历史、照见了几多沧桑！"晋水之阳第一村"，它静静坐在晋阳

晋水之阳第一村

文脉浸透了的土地上，像一本读不完的大书，像一场意味深长的歌唱。如今，我们可以走进古城营村，凭吊殿台遗址、古城墙，瞻仰古朴而瑰丽的阿育王塔，在周边的龙天庙、圣女庙习俗中感受一种纪念和传承。当年，正是在矗立着阿育王塔的校园内，晋源区委书记范世康与村民对话，发出"晋阳古城会重见天日"的心声，群情振奋，掌声阵阵，达成"守护古迹，寸土不动"的约定。而之后晋阳古城遗址申报"国保"的成功，遗址发掘惊艳世界的效应，都是对高瞻远瞩之文化情怀的回报，古城营村村民以识大体、明大理的精神气质，接续着对"晋水之阳第一村"的传承。

"五千年文明看山西"，前一半主要看晋南，后一半主要看晋阳。顺着晋阳城建立后的重大事件、重要人物线索，自会印证这样的判断。而如今正在发掘、保护、研究中绽放异彩的的晋阳古城遗址，与世界上几乎同时期的古罗马遗址、庞贝古城具有同等价值，它是国家列出的"十大古城遗址"之一，是"十四五"期间重点发掘保护的古城遗址。太原终能列入国家级历史文化名城，很大程度上缘于这座古城遗址的存在。深藏于古城营村地表

之下的晋阳古城遗迹，何等非同一般！它是属于太原、属于山西的，更是属于中国、属于世界的。这是存于古城营村人心中莫大的自豪与自信。为这样一个村庄写出上百万字的村志，不亦宜乎？然而如果仅是存之于史志，似乎还不算圆满，因为这样的历史，绝不只是在叙写古城营村，它显然就是在讲述太原整座城市的"前世今生"。古城营村的历史，当是太原人的集体记忆，它是这座历史文化名城深厚文脉的"泉眼"，浇灌出西山脚下、晋水之阳的民俗民风，也照见了城市的精神气质，折射出太原新时代的锦绣前程。将史料性、学术性较强的《古城营村志》转化成生动活泼的文字，供太原人阅读，供三晋人品味，供天下人分享，如此甚好，不亦宜乎？这便是此书的缘起与由来了。

编写这本《晋水之阳第一村》，以古城营村党委书记刘铁旦为首的"两委"班子极力推动；曾经为晋源新区选址、晋阳古城遗址保护五赴北京的时任晋源区委书记、后曾任太原市委常委、宣传部长的范世康先生梳理大纲，并几经推敲确定编纂体例；致力于地方历史文化的"老家山西"掌门人乔琰先生热情参与出版组织；太原市作家协会愿为助力，邀请省城作家组成写作团队。

本书写作，以既有《古城营村志》为基础，又参考张德一先生有关补录材料，提取关键节点上的生动史料，在符合逻辑的前提下，本着既忠于史实，又不泥于细节的原则，运用文学的方式，尽可能写成一本可读性强的大众读物。闫文盛、汉家（贾墨冰）、申毅敏、王钦四位作家依序完成了前后章节，力求围绕最关键的事件和人物谋篇布局，有人重写人，有事圆其事，呈现生动性、故事性；选择和体现以叙为主，叙论结合的文风，以期启迪后人。各章节故事的讲述，勾勒历史，显现文脉，贯通古今，彰显价值，

其中内含文明开创和传承线索，突出对历史进程和社会形态的重大影响，注重人物关系与事件因果的阐释，梳理山川形胜、地理风物、民族交融、风云际会及新社会发展进步对人文品质、地域精神的涵养。

编写过程中，参与出版组织和主笔创作的各位成员，与古城营村"两委"紧密合作，同时受助于省城有关专家学者的指导，特别还得到著名书法家赵望进先生以及山西省政协文史委员会与出版单位的大力支持，最终形成了集体劳动成果。本书的编写出版，也为三晋文化传承、国家文化兴盛以及依托相关内容向其他类别文艺产品的转化提供了有价值的参考。

刘照华

（作者系太原文学院院长、太原市作协主席）
2021年12月于太原

何谓古城营？

这是一座古村落的名字，位于晋中盆地北缘的今太原市晋源区，距太原市中心地带（五一广场附近）20 千米许。

古城营村，为太原市属范围内最大村社：其境域，南北长 1.98 千米，东西宽 2.44 千米，总面积 4.83 平方千米。在这里常住的总人口早已超千成万。

但古城营并不是一座普通村落的名字。宋代之前，古城营的时空存在是与一座古城紧密叠合在一起的，这座城的名字便是：晋阳城。在长达 1500 年的漫长岁月里，现在我们称之为古城营的这座村落，事实上便一直是晋阳古城的核心部分，即今古晋阳遗址中心的里三城（大明城、仓城、新城）地带。（《太原市古城营村志》）

所以，如今当我们执笔来书写这座村落的"前世"之时，在很大程度上，便也不可避免地，是在书写晋阳这座古城饱经忧患、充满天地沧桑的历史。

古晋阳为今太原市的前身，在我国历史上负有盛名。它不仅"东带名关，北逼强胡"，是地处险要的"中原北门"，而且"年谷独熟，人庶多资"（《后汉书》），是十足的繁华富庶之地。早在春秋战国时代，晋阳城就已经初具规模且名声大震。其营造时间，根据《左传》中的记载推断，最晚应在公元前 497 年。因为就在这一年秋，身为晋国六卿之一的赵简子（赵鞅）为避祸乱来到了晋阳城。这是史书中关于晋阳城的最早记录，以此为据，我们行将展开的这些笔墨才真正找到了它的起点。

而岁月漫漫，这已是 2500 多年前的旧事了。一座诞生于古老时代里的时光之城，历经沧海云烟，世事变幻，其间光辉荣耀，战乱纷争，均不可胜数。

如今太原之所以被誉为"历史文化名城"，原因多多，但早在 2500 年前，它的生命力便已经巍然发端，却是最基本的史实。

目前从全国来讲，一座连续不断地传承了 2500 年历史的古城微乎其微，在世界上也是少数。仅仅这一点，就足以让我们深感自豪。如果再作横向比，太原在各个时期举足轻重的历史表现，同全国任何一座城市相较都毫不逊色。《隋书》记录："太原山川重复，实一都之会。"前前后后曾经有 9 个王朝在此建立国都、陪都，累计 300 余年，时间跨度近 1400 年，与古晋阳城的存在时长庶几近之。这种历史地位和作用，是包括我国七大古都在内的都城所不可替代的。

　　作为这勃发的生命力的最早的见证者，就在古城营这片古老的土地上，人流熙攘，草木摇曳，春秋更替，又目睹了多少暮霭苍茫中的烟波浩淼。而天光如在，日轮月华竞相趋驰。

△春秋·鸟尊
1988年金胜村赵卿墓出土

晋水之陽第一村

心怀逼仄，岂能广见天地？

所识别者微微，所从事者自亦微微。

一躯何小，何能安生？则自然不能安生。

一躯何小，若能安生，则自必安生。

幽幽过往，煌煌史实，虽千言万语尚不及道出一二，何况仓促间一篇粗浅文字？在此我们只能删繁就简。

历史上的晋阳（今古城营一带），最早为"战国七雄"之一赵国的都城。如果从赵简子时代算起，这一段都城史累计有 70余年。当时人称，"晋阳者，赵之柱国也"（《战国策》卷十《齐策三》），"言其于国，如室有柱"。到了公元前 423 年，赵国将首都迁至中牟（今河南省鹤壁市），晋阳为赵氏国都的历史遂告终结。但其柱石地位并没有因此而丧失，它依然是赵国西部的中心城市，是北伐三胡、西抗强秦的前哨阵地。

据典籍记载，早期的晋阳城规模并不大，"城高四丈，周回四里"，为一正方形城堡。始建者董安于，为赵简子家臣。

秦庄襄王三年（前 247 年），蒙骜攻取赵国三十七城，次年，在晋阳初置太原郡，太原始为行政区域。

西汉初，刘恒治代（都城设在晋阳），"龙潜"十七年，得到晋阳一方水土滋养，所以继位后注重休养生息，从而天下大治。"文景之治"实肇兴于此。

汉武帝元封五年（前 106 年），设十三州刺史部，晋阳是并州刺史部，从此，晋阳、太原、并州实为一地之三名。

到了南北朝时期，晋阳城特殊的地理位置，使它成了北方各民族交往、融合的中心地区，它融合了自春秋战国以来北方各民族文化的精华，不仅是北方军事要塞，而且也是经济、政治、文化的中心之一。这种地位的奠定，使汉族政权重新统一北方成为可能。"晋阳誓师，托起煌煌盛唐"，它为唐王朝的建立和鼎盛起了奠基作用，因此唐太宗李世民曾说："太原王业所基，国之根本；河东殷实，京邑所资。"

到五代十国，干戈四起，纷争不息，历史的重头戏再次围绕晋阳展开，后唐、后晋、后汉、北汉的统治者，无不凭借雄踞于此而登上皇帝位。

细细推究，这片土地上确有大历史，这不是哪一个人说的。我在以古城营村的视角切入，开始品读这些老故事的时候，常有触目惊心之感，每每掩卷深思，总能看到历史深处那晃荡的影像。这些人与事过去千百年，多数已变得不甚清晰，史书上的说法也各有判断，有时不尽相同。但所有这些，都不影响人们爱上这里、此处时间中的须臾呼吸、纷繁草木。那种爱与痛，都无比深切。

生，或余韵悠长。有时候，确会感觉过往的任何生命都没有结束。往事越千年，它会贯通（滞留于）你的沉思很久。

另一方面，时光又确如疾风奔马，一路流离颠沛。人亦如草木，生而有涯，是之谓也。

目录

第一章 | 唐尧故地
比晋阳古城还远古的典章记述

　　关于与古城营村牵连极重的古晋阳叙事，史书中确切的纪年虽以公元前497年为起点，但我们今天来钩沉古城营村的历史，却不能不将笔墨宕开，从更为遥远的时代写起。可为我们接下来的这些笔墨提供资证的，是汉代经学大师郑玄的《毛诗谱·唐谱》。其中写道：

　　"唐者，帝尧旧都之地，今日太原晋阳是。尧始居此，后迁都平阳。"

　　而著名史学家翦伯赞也在《中外历史年表》中的公元前2297年"尧都唐"条下注释为"古唐国在今山西太原"，从而

为古晋阳的历史提供了有力的支持。（《太原赋》）

关于唐尧初都太原之说，不唯见于上述文献。据《都城纪胜》记载："晋阳城北二里有唐城，尧所筑。"而《史记正义》引用徐才《宗国都城记》称："唐国，帝尧之裔子所封。汉曰太原郡，在古冀州太行恒山之西，其南有晋水。"唐代《元和郡县图志》中，则说晋阳城旁边曾有一座"故唐城"，"尧所筑"。清代顾祖禹《读史方舆纪要》："太原故城，在今太原县治东北，古唐国也。尧建唐城，为唐国。"（《太原史话》）

这就是说，在古城营村（古晋阳）告别蛮荒时代获得第一个准确的坐标之前，曾经获得了一个"尧所筑"的"故唐城"的参照性坐标。据王剑霓《晋阳古城考》，故唐城"南半入州城，北半存五百步"，其遗址，当在今古城营村往北的城北村西、罗城村东的沙河中。

但是上古帝尧所处的时代，约在 4300 年前，距古晋阳正式进入史册，尚有漫漫近 2000 年的光阴。故唐城后来虽见隐约依存，但如旧时岁月一般，屡遭风雨剥蚀，早已残破不堪。所以，到晋阳城拟建时，只能在历史或传说的重重影像中全新构造，而那远古的故事，也仅仅只能作为渐渐流传、渐渐被遗忘的故事存在了。

（闫文盛）

△晋阳古城遗址二号建筑基址出土的后唐残碑

第二章 | 赵鞅布局
董安于晋水之阳筑城池

在今古城营村西的西坡上，有一段保存至今的长约 500 米的夯土城墙，经考古工作者实地勘察，确认此处便是晋阳古城西城遗址，现为国家重点文物保护单位。

2500 年前，董安于领命所筑的晋阳城，到宋朝初年遭到了彻底焚毁。北宋立朝，出于"惩创五季，而矫唐末之失策"的考虑，下令摧毁一部分鞭长莫及的州郡城池，以防地方割据势力凭借险固与中央对抗。素称蜀道之险的西川路所辖 29 个州郡中，就有 25 个的城墙与护城河被夷为平地。此后，宋太宗赵光义又下令摧毁统万城，令城中百姓尽数迁出，使名扬一时的都城沦为

废墟。在这种形势下，"山川险固，城垒高深，致使奸臣贼子违天拒命"，又为"龙脉"所系的晋阳城自然"在劫难逃"。公元979年，赵光义攻克太原、平定北汉后，便下诏焚城。次年，又壅汾水、晋水淹灌晋阳城。

至此，这座起初为赵氏所建的古城，最后又毁于赵氏之手。

但是，晋阳城（包括唐代东、西、中三座外城及大明城、新城、仓城三座内城）在宋初被毁后，大明城堡遗迹尚比较完整。大明城即董安于所筑之古晋阳城。因北齐天统三年（567年），后主高纬在此修建了大明宫，故有此称。西晋并州刺史刘琨扩展晋阳城（因此形成了晋阳西城）时将晋阳古城囊括于其中，此后原晋阳城即成为晋阳城中内城。据清道光年间《太原县志》记载：

△赵鞅、董安于商议建城之事

"古城营北，东、西、北三面有土城，高二三丈，壑处为门，规模尚具。考五代时此处在北汉都城内，应为北汉皇城故迹。况其形制亦与村庄堡壁不类，其为皇城遗迹无疑。"根据《太原市古城营村志》注解：旧方志所载的"皇城遗迹"，古城营村百姓俗称"内城""紫禁城"。此遗迹直至 20 世纪 60 年代尚较齐整。北、西、南三面均有夯土城墙，东面土墙虽不存，但地形明显西高东低，有城壕痕迹及"城壕地"遗名。但到了 20 世纪 70 年代初期，在农业学大寨运动中，古城营生产大队平整土地搞"园田化"建设，将大明城的土城墙夷为平地。如今大明城遗址硕果仅存的，是俗名"殿台"的两座土圪堆，上面建有民房。（《太原市古城营村志》）

尽管形势的发展，并不以统治者的意志为转移——晋阳城被毁后，宋朝北部门户大开，失去了抵抗辽国南进的屏障，因此不到三年时间，宋朝地方政府又在晋阳城北不远的唐明镇兴建了新的太原城，晋阳与太原遂一脉相承，为我国历史悠久之文化名城，是一座持续发展已长达 2500 年之久的大都市。有鉴于此，中华人民共和国成立以来，特别是 1998 年太原市行政区划调整以来，党和政府都把挖掘晋阳古城、彰显晋阳文化作为大事来抓。经过几代考古工作者的努力，终于在古城营村南的园林苗圃地带的二号坑，开掘出五代十国时期以寺观庙宇及市井瓦舍为标志的古城历史风貌。随着国家有关部门把晋阳古城遗址作为全国十大遗址公园重点项目予以稳步推进，相信未来不久，真正在历史上辉煌了 1500 年的晋阳古城风貌，终将惊艳于世。

如前所述，最早的晋阳城并不大，周长四里（2 千米），呈方形。我们核算一下可知，面积为 0.25 平方千米的晋阳城，和现在一个小村落的规模差不多。

然而，历史在这里埋下了重要的伏笔。

"没有赵鞅来到晋阳城，很难说就有三家分晋，没有三家分晋，中国社会未必就能很快地转向封建制，所以晋阳不仅是三家分晋的策源地，还是中国社会制度变革的一个策源地。"

也许，历史总是从一些细微的局部开始的。

如此讲来，古晋阳城，当是一座记载着大历史的辩证之城。

我们读历史，常常看到作者将一些人、事一笔带过，一可能是写书之人对此了无兴趣，二是史料不足，无法演绎。但将那些偶尔流露的片言只语连缀起来，仍然是一部可堪一观的宏文巨著。

我们不妨从"太原"一词先行谈起。"太原"的提法，最早见于《诗经》，此后的先秦典籍多有记载，但不专指今日的太原地区，而是泛指汾河中下游一带的广阔平原。夏商西周直到春秋中叶之前，太原地区还是戎狄部落游牧之所。晋国始祖叔虞和他的儿子燮父，都亲自涉足于此，与当地土著和睦相处，使这片荒芜之地得以逐步开发。此地土壤肥厚，水源充足，因此禾苗长得茂盛，"禾生双穗"，周公大为惊叹，曾作《嘉禾》诗篇加以赞颂。

在相当长一段时期内，戎狄民族隔霍山与之以南的诸侯国晋国相对峙，时战时和。直到晋平公十七年（前541年），和晋国修好30多年的北戎无终部，撕毁和约，联合其他诸戎群狄，集结太原盆地，准备大举进犯晋国。晋国卿大夫中行穆子率师讨伐，"败无终及群狄于大卤（太原）"，彻底打败了戎狄势力，占领了太原盆地。当年太原地区被纳入晋国版图，成为祁氏和羊舌氏两个晋公族（晋国国君的家族）的封地。但到了晋顷公十二年（前514年），祁氏、羊舌氏二公族发生内乱，执掌朝政的范、中行、赵、魏、韩、智六卿根据国法将其诛灭，其食邑被分为十县，六卿各派自己的族人当县邑大夫。晋公族的力量从此变得更微弱了。

晋阳城的建造，也正是在这个时候才成为可能。

造城者谁？董安于。时为六卿中的赵简子家臣。

回溯太原城2500年历史的起点，董安于是绝不可以轻易绕过去的人物。据说他出身于史官世家，为晋国著名太史董狐的后代。董狐被孔子誉为"古之良史"，曾秉笔直书"赵盾弑其君"。良好的家学渊源，为董安于的一生打下了很好的基础。青少年时期，他秉笔事赵氏，才华闻于列国。及壮，成为赵简子的股肱之臣，任司马，职掌军政，备受信赖。

赵简子（赵鞅），是为赵武（即史上有名的"赵氏孤儿"）之孙。

赵简子继立为卿，在晋顷公九年（前517年）。

根据《白话史记》记载：

晋水之阳第一村

赵氏的先世，和嬴秦同一个始祖。到了仲衍，替殷帝太戊驭车。他的后裔蜚廉有两个儿子，就让一个叫恶来的儿子去侍奉商纣，被周武王翦商时杀了。恶来这一支的后代就是秦。恶来的弟弟叫作季胜，季胜这一支的后代就是赵。

季胜生孟增。孟增见幸于周成王，是为宅皋狼。宅皋狼生衡父，衡父生造父。造父见幸于周缪王（又作周穆王）。造父挑选千里马加以驯调，又得了桃林的良马盗骊、骅骝、绿耳等，献给缪王。缪王叫造父御车，往西方巡视，会见了西王母，快乐得忘记回国。不久徐偃王造反，缪王就靠良马而日驰千里，猝然攻击徐偃王，彻底摧败他。于是就把赵城封赐给造父。从此造父的子孙就姓赵氏了。

（参见《白话史记》卷四十三《赵世家》，台湾十四院校六十教授合译；另，本节后文叙述，多参考此书，不再另行说明。）

从造父往后，六代而有奄父。奄父号称公仲。周宣王伐戎，奄父仍旧为王御车。千亩之战时，奄父还为宣王解脱了危险。奄父生叔带。叔带时，周幽王无道，他便离开了周到了晋国侍奉晋文侯，开始在晋国建立了赵氏势力。自叔带以下，赵氏愈趋兴旺，五代以后传到了赵夙。夙生共孟，共孟生赵衰。赵衰以卜筮（古时预测吉凶，用龟甲称卜，用蓍草称筮，合称卜筮）之法预测吉凶，发现去侍奉晋献公及诸公子均不吉利，唯侍奉公子重耳是吉利的，就去侍奉重耳。因骊姬之乱，重耳出国流亡，赵衰作为几个重要

010

　　的跟随者，前后与重耳共患难19年才回国。逃亡之初在翟地时，翟君征伐得到二女，将其中较小的女子嫁给重耳为妻，而将其中较大的女子嫁给赵衰——此女为赵氏诞下血脉，此即赵盾。

　　重耳回国即位，为晋文公。赵衰任上卿，封原地。

　　重耳之所以能够回国及后来称霸，多数出于赵衰的谋划。

　　赵衰归晋后，在晋的原配发妻要求迎回赵衰在翟地所娶妻子，并将其所生子盾认作嫡子，而让自己所生的三子居下位来侍奉他。晋襄公六年（前622年），赵衰死，赵盾继其父执掌国政。

太子夷皋此时年纪还小，赵盾考虑国家多难，准备立襄公弟雍，因为雍在秦国，于是派出使者去迎接他。但因太子母亲反对，赵盾不得已拥立太子为君，是为晋灵公。此后，赵盾权柄益重。灵公即位十四年，性情越发任性骄纵。赵盾多次谏诤，但灵公并不听从。有一次，灵公吃熊掌，因炖得不够烂，便杀了掌管膳食的宰夫，叫人将尸体拖出去丢掉，却被赵盾看到。灵公因畏惧赵盾，便埋伏了士兵，准备先下手将其杀害。但因得人援助，赵盾因此能够逃亡。未出国境，赵盾族弟赵穿就将灵公弑杀了，迎立襄公弟黑臀（晋成公）。赵盾便又返回执掌国政。因"身为上卿，逃亡未出国境，回来又不惩治逆贼"，所以太史董狐便将"赵盾弑君"之言记录于史册。赵盾死于晋景公时。死后，其子赵朔嗣位。

　　赵盾专政20年，对晋国保持霸业功莫大焉。但赵盾专权既久，加之赵穿弑君，因此造成君臣之间、大臣之间的相互猜疑和争斗，也为后来赵氏几近于灭族埋下隐患。曾经受到过灵公宠爱的屠岸贾，到了晋景公时为司寇（掌管刑狱），发动"下宫之役"，几乎将赵氏势力铲除殆尽。幸有韩厥及赵氏门客公孙杵臼、程婴的保护，赵祀才得不绝。当时尚在襁褓之中的赵朔之子赵武被二人救下，程婴后来带着他藏匿到山里，而公孙杵臼却抱了别人家的婴儿伪装成赵氏婴儿慷慨死去。15年后，晋景公重病，卜筮的结果显示是大业后裔不顺遂的在作怪。景公询之以韩厥。韩厥知赵武存世，因此答曰：

　　"晋国之内，大业的后裔断绝香火的，应该是赵氏吧。自仲衍以来的子孙都是嬴姓，再没有赵氏了。仲衍人面鸟嘴，降世辅佐殷帝太戊，其子孙直到周天子的时代皆有盛德。厉王幽王无道，叔带才离开周到了晋国侍奉先君文侯，一直为晋国出力到了成公之世，代代都建立功劳，不会断绝祭祀。如今君上单单灭掉了赵氏宗族，国人哀怜他们，所以在龟策上显形出来。君上，看来您要好好打算呀！"

景公："赵氏还留有子孙吗？"

韩厥因此将实情相告。

赵武之后便被召回，藏匿到宫里，景公借韩厥之兵胁迫进宫问候景公病情的诸将，众将便终于反过来攻杀了屠岸贾，灭其宗族，并将赵氏旧有田邑返给赵武。

赵武长大成人，便恢复了官位。赵武继承赵宗的 27 年，晋平公即位。平公十二年（前 546 年），赵武成为正卿。晋国政权渐渐归集在赵、韩、魏、范、中行、智氏六卿之手。

赵武死后，谥号为文子。文子生景叔，景叔生赵鞅（即赵简子）。

赵简子、董安于生活的年代，晋公室力量更为衰微。六卿争权，赵简子认为必须有自己的割据地，所以命家臣董安于在自己的食邑建造了晋阳城。至于赵简子为什么会选晋阳筑城，有多方面原因。其一，此地地处太原盆地北缘，政治地理环境十分优越，而且距晋国国都数百里，一旦发生战乱，便可以此为立足据点，南制诸卿，北伐诸戎。其二，太原盆地四面环山，中间低平，汾

晋水之阳第一村

河从北缘山区流入盆地，贯中而过，汾河所带泥沙淤积，在盆地内形成多级型冲积扇平原，而晋水之阳位于多级冲积扇高阜处，地势平坦，人口稠密，经济发达，是理想的城建之所。其三，如《史记》所载，赵氏家族久有养马、御车、打猎的传统，至西周末年，赵氏去周如晋，做了晋国的卿大夫，逐渐成为从事农业的氏族，但畜牧驭马的技能一直保留下来。太原盆地周围布满了茂密的森林，大型野生动物出没其间，山麓的丘陵地带是广阔的草原，食草动物十分繁多。这样的地理环境，正与赵国氏族传统的经济特点相吻合。

以上种种，属于先天因素，另外还有一个后天因素不可忽视。春秋时期，我国城建理论已经成熟，尤其是在城址的选择、城墙的构建、城内建筑的布局、城市的给排水设计等方面都达到了一定的水平。《管子》对此有精辟论述："凡立国都，非于大山之下，必于广川之上，高毋近旱而水用足，下毋近水而沟防省，因天材，就地利……"而当时的晋国，十分富有城建经验，且非常重视河流对城市的排污净化作用。董安于是城建方面的专家，其家"世治晋阳"，因此对太原盆地的地形谙熟于胸。在接受了筑城任务后，经过精心勘察设计，他最后将晋阳城建在悬瓮山麓、

晋泽（台骀泽）岸畔的汾、晋两水交汇之锐角内，显然是考虑了利用河流湖泊调节气候、净化环境的因素。

此处所提晋泽，为古代太原盆地北缘一大型湖泊，方圆十余里，因位于晋水与汾水交汇处而得名。

根据史书记载，新建的晋阳城采用夯土"版筑"法筑成城墙，"以半湿黄土层层夯筑"，高厚而坚实。这是一种先进的筑墙技术，当时除周王城和一些大的都市外，并不普遍使用。

晋阳城内建有高大巍峨的宫殿，"公宫之室，皆以炼铜为柱质"，宫墙则由荻蒿苦楚等山木为木骨筑成。董安于之所以这样做，显系考虑到了将来可能发生的战事，一旦城池被围，烽烟骤起，这些材料皆可利用。铜柱可回炉重新铸造，制为刀戟兵器，荻蒿苦楚等山木拆取出来便可用做弓矢箭杆。

当时的悬瓮山下，有丰富的铜矿资源，太原盆地北缘又是当时手工业荟萃之地，春秋时期手工业以冶铜为最，所有这些都为董安于建造晋阳城提供了很好的条件。1988年，太原市南郊金胜村出土了大型春秋墓葬，其中有青铜、黄金、玉石、骨器、陶器、蚌器等6大类3100多件，而7件青铜器鼎尤为精美。考古专家认为此墓为赵卿大墓，其年代为春秋末期公元前475至前425年

之间。

　　我们现在当然无法断定董安于领命筑城的始末了，就是创制的准确时间，因为古籍没有详细记载，也只能推断为公元前497年之前。董安于生年不知，卒于公元前496年春。这与前面提到的赵简子避乱来到晋阳城，相隔不到半年的时间。

　　公元前497年，晋国内部矛盾骤然升级。赵氏家族内部、六卿之间以及六卿与晋公室之间以新建的晋阳城为导火索，爆发了一场明争暗斗的闹剧，赵简子被范、中行氏所逼，带兵退守晋阳。

　　事情的原委很简单。三年前，赵简子伐卫时，曾获得卫国进贡的奴隶500家，当时置于邯郸，交本家人赵午（赵穿的后代，封地为邯郸）管治。现在晋阳城初建，急需扩充人烟，便欲将500卫贡迁回。赵午本已允诺，但回去后遭到父兄反对。赵简子一怒之下将赵午囚禁在晋阳，继而斩杀，由此引发赵午之子赵稷起兵反叛，欲伐赵简子。晋定公派籍秦围邯郸。六卿中的范氏、中行氏有姻亲关系，而邯郸赵午又是中行氏的外甥，所以不参与围邯郸，而是调集军马，准备发动叛乱。幸好董安于事先得知消息，告之于赵简子："事有危急，我们得预做准备。"赵简子说："晋国有令，始祸者死，我们还是后发制人吧，这样稳妥一些。"董安于言："与其危害众人，不如让我一个人死。到时候，您只要把罪责推给我就可以了。"赵简子还是不同意。后来，范氏、中行氏便合兵攻击赵简子官邸，赵氏寡不敌众，退守封邑晋阳。（《左传》）范氏、中行氏随后即至，战事便在此拉开。

就在晋阳被围之时，晋国六卿中的其他三卿荀跞（智文子）、魏氏和韩氏出于各自的利益权衡，集体出面请晋定公同意出兵攻伐范、中行氏，但首战失败。此时的范氏和中行氏利令智昏，竟然公开反叛晋定公，结果引来举国声讨，二氏惨败，逃往朝歌（今河南淇县）。这次纷争以赵简子的胜利而告结束。

晋阳首战后，在魏、韩的请求下，赵简子被晋定公从晋阳召回绛，重新执政，并与诸卿盟于公室。此后五六年间，他以晋阳为据点，打败了范氏、中行氏，逐步掌握了晋国实权，并乘机将晋国本来的三军六卿格局，裁减为二军四卿。这是公元前492年的事。《史记》中说，"赵名晋卿，实专晋权"。

董安于确实有大功于赵氏一族。

晋阳城建成后，董安于担任了晋阳的第一任行政长官，但如上文所述，时间并不长。当初，范、中行氏逃亡后，晋国政局暂时安定下来。荀跞（智文子）宠臣梁婴父与董安于交恶，此时便对荀跞说："应该趁此机会杀掉董安于，如果继续任他在赵氏那里执政，将来只怕整个晋国都会落在赵氏手里。何不以他先发难为由，追究赵氏责任，顺便除掉他呢？"于是，晋定公十六年初（前496年），荀跞便派人以"始祸者死"的晋国法令要挟赵简子，称范氏、中行氏虽然作乱，但追其根本，还是董安于挑起的，这样的话，董安于就形同策划叛乱之人。而现在，范、中行氏皆已服罪，只有董安于还逍遥法外，因此荀跞要求赵简子处决董安于。赵简子自是犹豫难决。董安于闻听此事却从容不迫："如果我死了，能使晋国得到安宁，能使赵氏安定，我哪里还需要活着呢？人谁无一死，我现在死，已经很晚了。"于是自缢而死。

赵简子虽然悲恸，但还是将董安于的尸体陈列在街市示众，并将此告知荀跞："您命我杀死罪人，现在董安于已经伏法，特将此事告知。"因此荀跞与赵简子结盟，赵氏也才得以真正安宁。危机解除后，赵简子将董安于牌位供于赵氏宗祠，以享陪祀。（《左传》）

以此观之，晋阳城是带着创制者的鲜血进入史册的。董安于身后，被推为"晋阳之父"。

古人活得认真，董安于死得其所，观其人德行生平，应该是能名垂青史的人物。可惜史书中对他的记载并不很多。对于精彩的人生，我们总是想多看几眼。典籍中还有一些零星片段，让我们得以一窥这位晋国名臣的风采。据《国语·晋语》记载，在守卫晋阳之战中，董安于因作战有功，赵简子奖赏他，他辞而不受，说："我在年少时，进身执笔小吏，协助处理文诰命令，被当世人所称誉，在诸侯心中树立了信义，可是您没有记下我。等到我长大以后，努力做您的助手，随从司马掌管军纪，苛暴邪恶不曾发生。等到我年长，穿玄端，戴礼帽，围蔽膝，系大带，随从宰官治民，民众没有二心。如今我一旦疯狂作战，您就说'必定要奖赏你'。但打仗是件很凶险的事情，人就像发狂一样，我因为'发狂'而受赏，还不如逃掉。"（《国语》）

相传董安于治晋阳时，以忠信为本，注重法治，耿直无私，

以"不赦之法"而令行禁止，是法家思想实践的成功案例，较之后来的战国商鞅变法早了一百多年。

他身后留下的晋阳城，为赵氏定国发挥了莫大作用。

（闫文盛）

第三章｜三家分晋
改写"五霸"为"七雄"

　　卿室倾轧的故事远远没有完结。古城营村所在的晋阳城，在建成 40 多年后，剩余的晋国四卿在这里展开了一场殊死激战。以此战为肇始，三家分晋的序幕被拉开了。"春秋五霸"由此渐渐演变，终成"战国七雄"。

　　因为见证三家分晋，晋阳城在中国古代史上占据了举足轻重的地位，"而这仅仅是它的第一个节点"。

　　缓缓运行着的古代，还有许多老故事将在这片土地上逐次上演。

　　董安于之后，继任者是尹铎。此人本来就是董安于的下属，政治见解和行事方式承袭董安于而又有进一步的发挥。他们在政治思想上重视法制又显然深受儒家仁民爱物观点的影响，在治理晋阳上，两人都收到了刚柔相济的效果。比较而言，董安于严于执法，尹铎则重于恤民。

尹铎在即将赴任之时，请示赵简子如何治理晋阳："以为茧丝乎？抑为保障乎？"意思是要把晋阳治理成一个聚敛大量赋税的基地，还是要治理成一个坚固的堡垒呢？赵简子的回答是后者。因此，尹铎上任后，便采取一系列爱惜民力、体恤民苦的政治措施，"民优而税少"，使百姓生活得以有很大的改善。

尹铎此人，处事有主见，敢于坚持。任晋阳宰之初，赵简子曾命他将抵抗范氏、中行氏时所构建的军事堡垒全部拆除，以免来晋阳时，看见堡垒如见仇敌。尹铎到任后，非但没有照做，反而把战争中损坏的堡垒加以修补，对一些低矮的工事进行增高，可谓用心良苦。赵简子再到晋阳，见此情景怒不可遏，认为是为仇敌张目而辱主，发誓必先杀尹铎而后入城。幸亏邮无正及时进谏：

以前先主赵文子（指赵氏孤儿赵武）从小就遭遇灾难，他随从母亲庄姬生活在景公之宫，长大后由于有孝敬美德而出任公族大夫，由于有恭敬美德而升任晋卿，由于有威武美德而晋升为正卿，由于有温良美德而成就其名誉。他从小就失去赵氏家族的常法训导，没有师氏、保氏的教育，他是基于自身的美德，才能够恢复先人的职位。令尊赵景子（指赵成，别名景叔，赵武之子）也是成长于公宫，没有受到师氏、保氏的教训就继位了，他也能够做到继续修身，以继承先人事业，国中没有人说他坏话。他用恭顺美德教育您，选择嘉言来教导您，选择师氏、保氏来辅助您。如今您继承先人职位，有先人赵文子的常法，有赵景子的教训，加上师氏、保氏的辅助，还有同宗父兄的支持，可是这些您都疏远了，这才有晋阳之难。尹铎说："想到快乐的事情而欢喜，想到灾难而恐惧，这是常人之道。堆土为壁垒，同样可以成为师保，我为何不增高壁垒呢？"因此他才修筑壁垒，这差不多可以作为借鉴，可以安定赵氏宗族了。您如果惩罚他，就是罚善。罚善必定赏恶。我们这些人臣还有什么希望呢！（《国语》）

赵简子由此转怒为喜，并当即赏赐了尹铎。

董安于和尹铎的故事，只是一个引子，但它为后来晋阳之战赵氏胜出提供了一个源头。

赵简子病逝后，继其卿位的，是庶出的赵毋恤，史称赵襄子。赵毋恤的母亲出身很低，是翟人的婢女，因此最初赵简子并不重视毋恤。直到某日，赵简子请当时最为知名的相术师姑布子卿为诸子看相时，才真正地发现了毋恤。据《史记·赵世家》记载，姑布子卿将诸子面相一一看毕，但结果令人失望：无一人有将军之才。

赵简子不甘心："莫非赵氏将要灭绝吗？"

　　子卿说:"我在进来的路上看到一个孩子,大概也是您的公子吧。"

　　于是赵简子招来毋恤。子卿一见毋恤,就站了起来:"这才是真正的将军。"

　　赵简子说:"但他的母亲身份卑微……"

　　子卿言:"这是上天之赐,就是出身卑微也必得尊贵。"

　　因为姑布子卿的推荐,此后赵简子便刻意留意和考察毋恤,时日一长,便渐渐发现毋恤在诸子中,果然最有才能。赵简子告诉诸子,他在常山上藏有宝符,先找到者可以得到赏赐。诸子奔往常山搜索,却一无所获,独有毋恤称其已经找到。赵简子:"如实道来。"毋恤:"凭借常山之险攻代,便可以占领代国了。"于是,赵简子知道毋恤可以继承他的事业,遂废太子伯鲁,改立毋恤为太子。

　　赵简子执政晋国 17 年,于公元前 475 年去世。毋恤继位,即为赵襄子。孝服未除,襄子便登临北方的夏屋山邀请代王。因在此前,襄子姐姐嫁给代王为夫人,所以此时的代王即是他的姐夫。襄子命掌管厨事的人用铜勺盛食物给代王及其随行者食用,又借斟酒之机,暗中命人各以铜勺击杀代王及随从僚属。随后,他便发动军队平定代地。

　　赵襄子姐姐知道后,哭天抢地发泄了一通,便磨尖了发笄自刺身亡。代人哀怜她,将其身死的地方叫作摩笄之山(今河北省张家口市东南鸡鸣山)。

赵简子之后，晋国正卿之位到了荀瑶（史称智伯，为荀跞之孙）手中。智伯此人，凶狠、多谋，又有雄心大欲。据载，当初智伯之父荀申（智宣子）在考虑立其为继承人的时候，智宣子的族人智果（晋国大夫）就表示反对，称其不如智宵（智伯的兄弟，智宣子的庶子）。但智宣子说："智宵狠毒。"智果说："宵的狠毒仅见于表面，而瑶的狠毒却是在骨子里。骨子里的狠毒会有损于国事，使家族败亡，表面上的狠毒却没什么危害。瑶的优点确实很多，不及他人的却只有一点。你看他鬓发美观、身材高大，射箭驾车孔武有力，既多才又多艺，还巧于文辞善于言辩，另外，还有强毅果敢的贤能。有此五贤超越群伦，却以不仁去施行，谁可以忍受他呢？如果真的立瑶，智氏他日必遭灭族。"遗憾的是，智宣子没有听从。所以智果求助于太史将自己的姓氏改为辅氏。结果不出智果所料，等到智氏灭族之时，因为智果早已改姓，所

以他这一系就得以保留下来。（《国语》）

智伯执晋政，前后长达 22 年（前 475 年—前 453 年），是晋国有史以来在位时间最长的执政大臣。为进一步扩张势力，吞并其余三卿，智伯手下谋臣絺疵献计："今越国方盛，晋失主盟，主公托言兴兵与越争霸，假传晋侯之命，令韩、赵、魏三家各献地百里，率其赋以为军资。三家若从命割地，我坐而增三百里之封，智氏益强，而三家日削矣。有不从者，矫晋侯之命，率大军先除灭之。此'食果去皮'之法也。"

魏、韩畏惧他，都同意了，赵襄子却断然拒绝。

赵襄子与智伯，本有嫌隙。

△春秋晋卿赵氏大墓车马坑

据《左传》记载：公元前 463 年，智伯领晋军伐郑，赵襄子随同参战。将要攻打城门时，智伯对赵襄子说："你带兵冲进去。"赵襄子："主将在此，何不自己先入？"智伯："你不但相貌丑陋，而且毫无勇略，赵简子怎么就把你立成继承人了呢？"赵襄子："因为我能忍辱，这应该对赵宗无害吧。"此后，二人仇隙便越结越深。

智伯骄矜，不唯对赵氏如此，对韩、魏亦是如此。据载，智伯在一次伐郑返回途中，与韩康子、魏桓子在蓝台宴饮，并在酒席中戏弄韩康子，并侮辱了魏桓子之相段规。晋国大夫、智氏族人智伯国听说后，对智伯进行劝谏："主君该有所警戒了，如果仍然轻疏无备，灾祸必定会到来。"智伯说："灾难之有无取决于我，我不发难，谁敢发难！"智伯国言："据我所知，并非如此。之前郤氏有车辕之难，赵氏有庄姬进谗之难，栾氏有叔祁诬诉之难，范氏、中行氏有范皋夷巫治之难，这些灾难主君皆曾知晓。《夏书》说：'一个人三次得罪人，结怨并不都是在明处，要在怨仇没有显示之前有所预谋和防范。'《周书·康诰》说：'怨仇不在于大，也不在于小。'君子即便在小事上也能够谨慎对待，因此没有大的祸患。如今主君在一次宴会上就羞辱了一君一相，又不做防备，只说他们'不敢发难'，恐怕是不行的吧？其实，谁不能招人喜欢，谁又没有能力使人害怕呢？蚊虫蚂蚁、黄蜂蝎子，都有害人的本事，何况是主君国相呢！"（《国语》）但智伯仍然固执己见，并未听从。

晋水兴隍笑一村

　　所以现在，当智伯向赵襄子索地未成时，恼怒之下便胁迫魏、韩两家向赵襄子发动进攻。智氏势猛，赵襄子只能避其锋芒。将韩、赵、魏"三家分晋"作为纪事起点的《资治通鉴》记载：

　　襄子将出，曰："吾何走乎？"从者曰："长子近，且城厚完。"襄子曰："民罢力以完之，又毙死以守之，其谁与我！"从者曰："邯郸之仓库实。"襄子曰："浚民之膏泽以实之，又因而杀之，其谁与我！其晋阳乎，先主之所属也，尹铎之所宽也，民必和矣。"

　　长子县近，城郭坚厚完好，襄子却有隐忧："百姓竭尽全力去建好了城，又要拼尽性命守卫，但不知有谁会与我同心协力呢？"邯郸府库充实，粮草足备，但襄子同样不能够放心："粮

食是搜刮民脂民膏而得来，现在又将战事引向那里，让他们去作战送死，但不知有谁肯与我共患难呢？"权衡之下，便只有晋阳可为退路了，足可保守。

关于晋阳对赵氏一族的意义，其实早在赵简子去世时，便留有遗训："晋国有难，而无以尹铎为少，无以晋阳为远，必以为归。"襄子自然不敢或忘。如今事有急难，"奔保晋阳"自是计之上者。如赵简子生前所愿，晋阳在此时，果真发挥了一个坚固堡垒的作用。

相传赵襄子到了晋阳后，巡视城郭，察看府库、粮仓，之后召见张孟谈说："我看城池确实坚固，府库的物资也够用，粮食储备也还充足，但是没有箭怎么办？"张孟谈："我听说董安于筑造晋阳城的时候，公宫的墙都是用荻蒿苦楚筑成的，墙壁高达丈余，您可以打开使用。"赵襄子于是命人打开一试，果真发现

董安于使用的材料都坚韧无比，就是专门用来制作箭杆的箘簵（美竹名）也超不过它。赵襄子说："箭杆是足够了，但是我们缺少铜又怎么办？"张孟谈言："我听说董安于筑造晋阳城的时候，凡是公宫的室中，都是炼铜做柱子的，请您命人来将这些柱子回炉重新铸造，我们就不会缺铜了。"赵襄子依言而行，很快便把防御的物资都备好了，兵器也造好了。（《战国策》卷十八《赵策一》）等到智、韩、魏三家联军尾随而至，兵锋逼近晋阳城时，赵襄子已经做好了一切防卫。

战斗爆发，三家联军用了三个月都没有攻下，于是散开军队，将晋阳城团团围了起来。

这场战争打得艰苦卓绝，持续了一年多（有的史书上记载是三年多）。之所以能坚持这么久，除了董安于筑城之功外，也赖尹铎恤民之功。尹铎以宽厚治政，使晋阳百姓拥戴赵氏，又增筑壁垒，广积粮草，为战争胜利提供了强有力的保障。所以董安于、尹铎，实在是赵襄子能够依赖晋阳与三家久持、最终反败为胜的两个关键人物。

智伯见攻城无望，便引城西之晋水灌城。他于晋水源头（在今晋祠内，源流主泉即难老泉）挖渠引水，然后在晋阳城外围环城筑坝，再把水引入城墙和坝之间，围灌晋阳。在军事史上，此为我国以水攻城之首例。尤其是围灌这种形式，为后来宋初赵匡胤攻晋阳所效仿。这里需补充的是，智伯昔日用以壅水攻城作战修筑的这条渠水，在此战结束若干年后被当地人民重新利用——

先是加固大坝，继而开渠引水以灌溉田亩，从而变水害为水利，创造了原始的有坝取水枢纽，此即为"智伯渠"，一度润泽周边方圆数百里。郦道元在《水经·晋水注》中有载："昔智伯之遏晋水以灌晋阳。其川上溯，后人踵其遗迹蓄以为沼……沼水分为二派，北渎即智氏故渠也。"

晋阳城后来岌岌可危。水势越来越高，"城不浸者三版"（三版为六尺）；百姓蒸煮炊事所用的锅灶都被泡在了水里，灶里居然生出了青蛙。臣子们见情势危急，也与赵氏心存疏远和隔阂，礼节上多有怠慢，只有高共没有违失。所幸城内居民比较团结，"民无叛意"。但情势仍然在继续恶化。城内潮湿不堪，居民"巢居而处"，财食将尽，士卒病赢，百姓终于开始易子而食……

智伯巡行于水上，难掩骄狂之心，在韩、魏面前妄言："以前不知水可以亡人之国，如今看来河水不可依仗，临河也会速亡啊。"此语一出，韩氏、魏氏听出了弦外之音。

当时韩氏平阳、魏氏安邑都临河，智伯敲山震虎，二人怎可不防？

所以，关键时刻，是智伯帮了赵襄子的大忙。后来韩、魏反水，皆因虑祸及己，内心早已起了摇动。据《战国策》记载，絺疵其时已断定韩、魏必反，并将此言告诉了智伯。智伯很诧异："你何以知此？"絺疵曰："从他们的行止可以看出来。您率领韩、魏之兵攻赵，赵氏一亡，祸患必然落到韩、魏的头上。之前既然已经约好，击败赵氏后由三家平分他的土地，现在晋阳城也已经被水淹得离城头只有六尺，城内锅灶里生出青蛙，人们杀死马匹当作粮食，眼看晋阳城就要投降了，韩、魏却无喜色，反是满面愁容，这不是想背叛又是什么呢？"

但到了第二日，智伯却将絺疵之言告诉韩、魏。二人急忙辩白："这是谗臣之言，其实他的目的是为赵氏游说，使您对我们两家的忠心产生怀疑。我们三家之间一旦产生裂痕，攻击赵氏的步伐势必就慢下来了。您想啊，我们即便再愚蠢，也不至于放下马上就到手的赵氏田产不要，却反而去做既危险又很难成功的事情啊。"

二人说完话就退出去了，絺疵进来说："主公为何要将我说的话告诉他们呢？"

智伯："你怎么知道？"

絺疵："因为刚才他们在门外碰到我的时候，眼睛直直地盯了我好几眼，然后才步履匆匆地离开。这自然是因为他们知道我识破了他们内心所想的缘故啊。"但智伯仍不听劝告。为了避免将有的灾祸，絺疵请求出使齐国。

絺疵之智没有说服自大的智伯，但是同样富有才略的赵氏家臣张孟谈却成功地说动了韩、魏二人。张孟谈接受赵襄子密令，深夜潜入韩、魏营中，对二人说道："我听说唇亡则齿寒。如今智伯率领韩、魏的军队合力攻击赵国，赵国一亡，韩、魏便自然是下一个目标。"

韩、魏二人也不隐瞒："此中因由我们也早已知晓，但是只怕事情还没有办成，整个计划就被智伯知道了，那样的话，我们即刻就有性命之忧！"

张孟谈："这个谋划出自二位主公之口，但只进入我一个人的耳朵，绝无外泄之理。二位有什么可害怕的呢？"

于是韩、魏二人和张孟谈秘密地商定了一同起事的时间，夜里把张孟谈送回晋阳城。

智伯根本没有想到韩、魏真的会临阵倒戈。但就在这天夜里，赵襄子派人将智军守堤的官吏杀死，然后便决堤放水，茫茫洪流冲决而下，淹没了智军大营。智伯军因救水而乱。

韩、魏两翼而击之，赵军出城策应，正面反攻。

大厦既倾，智伯三面受敌，溃不成军。

智伯仓皇奔逃，被赵襄子伏兵所擒。赵襄子深恨智伯，对其相当残忍。《吕氏春秋》说："断其头以为觞。"《说苑》："漆其首以为饮器。"意思都差不多。

还有的说，赵襄子命人把智伯头颅掏空风干后，涂以油漆，作为便溺之器。这就有些辱之过甚。

据《国语》记载，当年张孟谈来到韩、魏军中展开游说时，曾经受到智伯折辱的段规就竭力劝说韩康子首先发难，反攻智伯。智伯自掘败亡的深坑，不但使自己身死殒命，而且害惨了智氏一族。

但是智伯的故事并未随着晋阳之战的结束而真正结束，是义士、刺客豫让的存在使智伯的形象显示出另外的内涵。豫让曾经

△豫让刺袍

臣事范氏、中行氏，但不受重用，他们对豫让仅以普通人视之，等到豫让跟随智伯，却受到了前所未有的重视，"智伯以国士待之"，所以后来智伯死后，豫让报之以国士之礼："乃变姓名为刑人，入宫涂厕"，"又漆身为厉，灭须去眉，自刑以变其容……又吞炭为哑，变其音"（《战国策》卷十八《赵策一》），先后两次谋刺赵襄子。尽管刺杀没有成功，但是豫让以"士为知己者死，女为悦己者容"的千古绝唱留名于青史。春秋无义战，却并不意味着春秋无义士。

现位于太原市晋源区的赤桥村（古城营村西南方向约六千米处）便是当年豫让最后一次刺赵处。豫让潜伏桥下，行刺赵襄子未遂后自刎，此后此桥便名为豫让桥。据明万历《太原府志》载：赤桥"初名豫让桥，至宋太祖凿卧虎山有血流成河，故改今名"。而赤桥所在的村庄也因此被命名为赤桥村。

豫让刺赵是个十分经典的故事。司马迁在《史记·刺客列传》中精彩地记录了这个故事。在最后一次刺赵失败后，豫让自知无幸，便对赵襄子说：

"我听说贤明之君，不掩盖他人之美德；而忠心的臣子，也有为名节牺牲的道理。从前您已宽赦过我了，天下的人知道您的善良和贤德，莫不称颂。而今天之事，我理当伏诛，但我还是放不下一个小小的心愿，希望借您的宽仁的善举来成全我。"

豫让后来确实提出了一个在我们看来或许有些滑稽做作、却被他本人视之为正大庄严的请求。但难得的是，对这个请求，赵襄子居然没有反对。他果断地命人将自己的衣服递给了豫让。豫让遂拔剑三击之，聊表为智伯复仇之愿：

"这下，我可以报答九泉之下的智伯了。"

恩仇揭过，豫让便横剑自杀。

司马迁说，豫让死的那天，赵国志士听到了这个消息，都为他流下了同情的泪。（《白话史记》）

发生于公元前455年—前453年的晋阳之战是春秋战国时期持续时间较长、规模较大、较为惨烈的一次战争，古人在论及东周五百年的战争时，唯推晋阳、长平两役。《帝王世纪》说："晋阳之围，悬釜而炊；长平之战，血流漂卤。"

在中国古代史上，晋阳之战是不可忽略的大事件，有学者认为，此战为春秋战国的分界线。战后赵以晋阳为都，占据晋国北部；韩以平阳（今山西省临汾市西南）为都，占据晋国的中部；魏为安邑（今山西省运城市东）为都，据有晋国的南部。至此，天下莫强的晋国走到了尽头。先是晋国领土被赵、魏、韩三国瓜分，晋公室只有绛和曲沃两地，成了三家的附庸。晋幽公要反朝三氏之君，君臣之分倒置。到公元前403年，也就是晋四卿晋阳之战50年后，周天子正式册封赵、韩、魏为诸侯，"三家分晋"最后完成。当年称霸神州的晋国，退化为一个听命于三晋的弹丸小国，而赵、韩、魏则成为完全独立的日益强盛的诸侯大国。

"三家分晋"是催化中国社会变革的精彩华章。中国历史正是以"三家分晋"作为一座标志性的界碑，奠定了战国七雄的格局，最后促成了奴隶制向封建制的社会转型和跨越。

（闫文盛）

△豫让桥

第四章｜刘恒治代
汉初"文景之治"的成功预演

　　2009 年，有关古晋阳城相关史事（涵盖古城营故事），时任太原市委宣传部部长的范世康先生曾有过精妙的论述。根据范部长的分析，可以将太原城 2500 年的历史划分为三大段。第一段，从春秋造城到宋初晋阳城毁为止的大约 1500 年，这段历史，史学家已有基本定论：先有晋阳，后有汉唐。第二段，为宋元明清共计 900 余年的起承转合。第三段，辛亥革命以来的 100 年。这是一种粗分法，如果在此基础上进一步切分，则古晋阳时代又蕴纳了四个节点：晋阳城发端期为其一，其核心为晋阳之战直接导致"三家分晋"，因为有这段历史，晋阳城具备了"不亚于古

罗马遗址"的价值；至西汉，又有刘恒治代（晋阳为其都城），此其二；北朝时，高氏父子盘踞晋阳，称雄北方，太原因此被称为"霸府""别都"，此其三；隋唐之际，先有杨广被封晋王，出镇太原，后有李唐基业发迹于此，此其四。

是啊，任何一地，之所以成就无限风光，是由数不清的元素构成的，包括政治、经济、军事、文化、民俗，无论离开哪个环节，都会显得偏颇而不完整。以古城营村为核心的古晋阳城以及后来重心北移的太原城为例，虽然大略分析，前 1500 年中以政治、军事方面的元素占据主导，尤其是南北朝至五代十国，此地帝王频出，故有"龙城"之誉，后 1000 年中情形有变，政治上的优势较前期有所减弱，唯军事、文化、商业各有千秋；但无论从哪个角度讲，都不排除这样的假想：如果没有扎实的经济基础，没有代代相继的百姓生息，则晋阳城无异于一座孤城、死城，那2500年的跌宕风云则为虚幻，所有往事皆成空谈。蛮荒之地是不可能有历史记载的。事实也确实如此。太原盆地属胡汉交汇之地，夏商西周时期，虽然是游牧民族活动区域，但因为受中原农业文化影响，早已变牧为耕，逐渐向半耕半牧发展。进入春秋时期，生产力飞速发展，铁犁铧的使用和用牛耕田，使大量的荒田被开垦。春秋中叶以后，晋国疆域扩展到了太原盆地，诸卿势力纷至沓来，在此划分势力范围，开垦私田，发展农业。春秋末叶，代表新兴地主势力的晋国六卿，更是将太原盆地作为他们的试验田，改百步为亩的旧田制为160至240步一亩的新田制，在此基础上又废除旧税制，实行按亩征收作物的新税制，且亩大税轻，宽恤民力，大大促进了太原地区的发展。赵氏立国，盆地内农牧二重经济兼相发展，渔猎并举，手工业发达。战国中期，赵武灵王"胡服骑射"，乃为后世民族大融合之发端。至后世，晋阳被称为"四战之地，攻守之场"，所以天下一旦有事，则首当其冲，成为前沿阵地。晋阳一地，民风彪悍，不畏强权，所以才有一次次震烁古今的晋阳保卫战。当你阅读晋阳古城历经的战乱时，难免既心醉神迷，又感叹唏嘘。假如以章回体书写一本晋阳战争史，融以现代小说技法，则无论是三家分晋、西晋时刘琨守城，还是北朝纷争，甚至五代十国走马灯似的晋阳争夺战，无不可圈可点，定能引人入胜。而以古城营村、古晋阳为文化轴心，折叠时空，前有赵简子、赵襄子父子两代人的"简襄功烈"，后又有刘恒治代的故事……范世康先生曾言："中国封建社会第一个盛世'文景之治'，何人所创？是刘恒治代而后开创的。刘恒治代17年，回到长安之后开创'文景之治'，也就是40多年，应当说是先有'文景之治'，后才有汉武大帝……"

鉴此，本书在讲述了"三家分晋"的故事后，接下来当叙说刘恒治代。

公元前202年，中国的封建社会在结束了秦末的"楚汉相争"之后，汉刘邦于长安称帝，建立新王朝，史称"西汉"。汉朝实行诸侯与郡县并行制。次年正月，以云中郡、雁门郡、代郡所辖53县，建立代国，高祖封二哥宜信侯刘喜为代王，以太原郡所辖31县建韩国，改封韩王信到新韩国，辖太原以北，建都晋阳，以防匈奴南下。韩王信上书称："封国土地紧邻常常入侵的匈奴边境，而晋阳离关塞极远，不易防御，请求把马邑作为都城。"高祖同意了。秋九月，韩王信在马邑被匈奴包围，便数次遣使到匈奴寻求和平解决之道。高祖派出军队援救韩王信，但疑其有反叛之心，于是派人责备。韩王信惧怕被杀，以马邑投降匈奴。匈奴冒顿单于领兵南攻太原，越过了雁门山，一直打到了晋阳。(《资治通鉴》)公元前200年冬十月，高祖率军讨伐韩王信，并在铜鞮（今山西省沁县西南）将其击败。韩王信逃往匈奴，其手下大将拥立原赵国贵族后裔为王，收拢韩王信所留残兵，联合匈奴抗拒汉军。高祖从晋阳向北，连续攻伐，一路扫荡，到古楼烦时，气温骤降，寒冷异常，出征将士，十人中竟有二三人被冻掉手指。

△坐落于晋源区南街村的刘王殿

高祖抵平城，被匈奴围七天，后用陈平计，方突出重围。高祖留下樊哙，继续平定代地。同年十二月，匈奴进攻代国，代王刘喜丢弃国家，仓皇逃回洛阳。高祖赦免刘喜死罪，但将其贬为合阳侯。同月，高祖改立儿子刘如意为代王（因其年幼，未就国）。（《汉书》）陈豨以代国丞相身份统理代国军政。公元前198年，刘如意被改封为赵王后，代国王位空虚，不再设代丞相，陈豨转任赵相国继续辅佐。而此时的陈豨，便独掌北境（赵国和代国）两国精兵，"门客千乘"，引起高祖疑忌。

公元前197年九月，陈豨反，自封为代王，占领代、赵等地。高祖出动名将，带领很多人马，才平定了叛乱。公元前196年春正月，高祖从平叛前线返回洛阳后，颁发诏书：

　　代国的位置在常山郡以北，与夷狄相邻，赵国的国界从常山郡南边开始，距离太远，匈奴多次入侵，代国很难立国。将常山郡南边的太原划入代国，在代国的云中西边设置云中郡，可以减少代国遭受匈奴的压力。诸侯王、相国、列侯、二千石官员再讨论，选择合适人选，封为代王。（《白话汉书》，程新发译）

　　于是燕王卢绾、相国萧何等33人联名上书："皇子刘恒聪明、贤能，性情温和、善良，奏请立刘恒为代王，在晋阳建立国都。"高祖准奏，于是刘恒被封为代王，都晋阳。随之大赦天下。

　　关于刘恒治代这段历史，史料不多，但百姓口口相传，留下不少传说。山西境内较知名的娘娘滩的故事就来自民间野史。话说当年，刘恒（前203年—前157年）被封为代王时年只8岁，其母薄姬为躲避都城里的是是非非，随儿子一同来到晋阳。但仅仅到了第二年（公元前195年），汉高祖刘邦就驾崩了。为防吕后使人迫害，薄姬和几位随从沿汾河官道北上，历尽艰辛，终于抵达黄河边的一个小岛。此岛位于今河曲县北，是一个河中之洲。岛上绿树成荫，芳草萋萋。2004年秋，笔者到河曲采访，专程去过那里，当时还散落着不多的几户人家，"阡陌交通，鸡犬相闻"，让人想起陶渊明笔下的桃花源境。薄姬在这里大约住了些许时日，后来此岛因她设名，现在岛上还有娘娘庙，是当地百姓专为祭祀她所建。薄姬宽仁，对刘恒的性情当有很大影响。

班固在《汉书》中，曾如此记载薄姬故事：

薄姬的父亲是会稽郡吴县人。还在秦朝的时候，薄氏与原魏王宗室女儿魏媪私通，由此生下了薄姬。薄姬父亲后来死在了山阴县，便就地安葬。秦末，诸侯叛秦，魏豹被立为诸侯王。魏媪将女儿送入魏王后宫，薄姬被魏王豹纳为侍妾。当时著名的女相士许负为薄姬相面，称其当生天子。没想到此言改变了魏王豹的决策。当时项羽和刘邦两军正在荥阳相持，未知鹿死谁手。魏王豹本来与刘邦一同进攻项羽，听到薄姬当生天子之言，心生欢喜，便背汉中立，与项羽议和。刘邦派曹参等人将魏王豹擒获，将其西魏国改置为郡县，薄姬被送往刘邦的织室做工。魏豹死了之后，刘邦来到织室，看到薄姬，便将其纳入后宫，但一年多没有召幸。

薄姬年少时，有两个相好的女伴。三人约定，日后若有富贵之命，先富贵者毋忘他人。后来二女都受到了刘邦召幸。汉纪元四年的某日，刘邦在河南郡成皋灵台上休息，二女陪侍左右，相互调笑之中谈起了昔日与薄姬之约，言辞中似有嘲讽之意。刘邦问明因由，对薄姬心生同情，当天便召幸了她。薄姬乖巧，对刘邦说："妾昨晚做梦，梦到了龙在抚摸妾的胸脯。"刘邦："这是富贵之兆，现在我就可以让你梦想成真。"二人同房，不久薄姬便有了身孕，当年便诞下刘恒。自从生下儿子，薄姬便很少再见到刘邦。（《白话汉书》）

但是祸福相倚，尽管薄姬对刘邦薄情不无怨恨，却也因此躲过了吕后的妒忌和迫害，而儿子刘恒，也得以在其陪伴下渐渐长大成人。后来，薄姬之弟，即刘恒的舅舅薄昭也来到了代国（晋阳）。

刘恒治代 17 年。由于连年征战，致使民生凋敝，百姓困顿。在了解到民间疾苦后，刘恒知道百姓日子过不好的原因有二，一是法律太苛，二是赋税徭役太重。所以刘恒后来轻徭薄赋，发展农业，由此得以边境安宁，社会稳定。

汉高后吕雉专权多年，于公元前 180 年驾崩，隐忍多年的刘邦旧臣包括太尉周勃、丞相陈平联合刘氏宗室朱虚侯刘章等尽诛诸吕，于是，刘恒的机会来临。当时，以陈平和周勃为首的勋臣在商议新的皇位继承人时，由于担心再遇到像吕氏一般的外戚，所以先后将齐王刘襄、淮南王刘长等人都排除在外，最后在"以善人则大臣安"的深层心理动机驱动下，选中了刘恒。何谓"善人"？为何选善人做皇帝？一则因刘恒母薄姬娘家势力薄弱，对功臣集团构不成威胁，二则勋臣们认为刘恒本人性情也温顺，较易于控制。（《西汉朝廷"大洗牌"：汉文帝入继大统前后的政治博弈》，孙家洲著）

据《汉书》卷九七上《外戚传》记载：

代王立十七年，高后崩。大臣议立后，疾外家吕氏强暴，皆称薄氏仁善，故迎立代王为皇帝，尊太后为皇太后，封弟昭为轵侯。

漢文帝

　　但是对于朝中大臣的迎立之意，刘恒起初却是持踟蹰态度，拿不定主意。他征集郎中令张武等人的意见，众人大半认为："提议迎立代王为皇帝者，为已故高皇帝旧时大将，曾经喋血于疆场，均为不可易与之辈。刘邦和吕后在世时，他们自然慑服，但现在，这些人刚刚诛灭了当权的吕氏，血染京城，就来迎立大王，实在让人难以深信。希望大王先以生病为名，暂时待在代国，静观时变。"

　　众臣中，只有中尉宋昌明确提出了反对意见：

　　"诸位所言差矣。想当初，秦朝失政，英雄豪杰蜂拥而起，觉得自己能够得到天下的，真是难以计数，但最后登上天子位的，正是刘氏。天下既定，无论多少豪杰，也就断了对皇位的觊觎之心。这是一。高祖建立国家之后，将刘氏子弟分封全国各地为王，他们的领地犬牙交错，整个宗族势力盘根错节，稳如磐石，谁能撼动？这是二。汉朝兴起，秦朝的严刑峻法被废除，苛捐杂税得以减免，皇家施德政，百姓得恩惠，太平已播于人间，因此刘氏政权已难动摇。这是三。举吕氏为例，吕后虽然威严，也立了三吕为王，已经算是专权独断，但是太尉周勃手持符节进入北军，振臂一呼，将士们便即袒露左臂，为刘氏效命，抛弃诸吕。诸吕很快遭到屠杀，这就是天意所在了，人力很难左右。即使有离心离德的大臣，想叛变自立，但百姓不会为之驱使，难道他们的党羽还能依靠专制将其统一起来吗？如今刘氏诸王遍布京师内外，京内有朱虚侯、东牟侯，京外又有吴、楚、淮南、琅琊、齐、代诸王环绕，皆手握汉军，足以震慑那些有叛乱之心的人。而且高帝的儿子，如今留下的只有淮南王和大王了，大王年长，贤圣仁孝，闻名于天下，所以大臣们是顺应民意而来迎立大王，大王不必怀疑。"（《汉书》卷四《文帝纪》）

刘恒将此事报告给母亲薄姬，但仍然难以定决，于是又用龟甲占卜，龟文呈横形。

卜文："大横庚庚，余为天王，夏启以光。"

卦象十分吉祥，"兆得大横"，后来便用以帝王登基之兆。

"余为天王，夏启以光"何意？可释为："我会当天王，前途会和夏禹的儿子启一样，一片曙光。"（《白话史记》卷十《孝文本纪》）

刘恒不明其意："我现在已经是王了，还要做什么王？"

卜卦者答曰："天王，这里是指天子。"

即便如此，刘恒仍是不放心，又派出舅舅薄昭赴长安面见太尉周勃。周勃等人将迎立实情尽告于薄昭。所以薄昭回来对刘恒说："事情搞清楚了，一切都是真的，可以不必再怀疑。"

刘恒这才动身到长安，入继大统，是为汉文帝。此后，他沿袭自己治理代国的经验，政治上奉行黄老之术，无为而治，经济上实行休养生息政策，重视鳏寡疾苦，对百姓宽恤仁慈。他奖励农耕，并两次颁诏减赋税。此外，他还废除了严酷的刑法，减轻了徭役。

从刘邦开国到汉文帝登基，被史学界称之为汉初阶段。清代赵翼注意到，汉初政治结构实为"布衣将相之局"："汉初诸臣，惟张良出身最贵，韩相之子也。其次则张苍，秦御史；叔孙通，秦待诏博士。次则萧何，沛主吏掾；曹参，狱掾；任敖，狱吏；周苛，泗水卒史；傅宽，魏骑将；申屠嘉，材官。其余陈平、王陵、陆贾、郦商、郦食其、夏侯婴等，皆白徒。樊哙则屠狗者，周勃则织薄曲吹箫给丧事者，灌婴则贩缯者，娄敬则挽车者，一时人才皆出其中，致身将相，前此所未有也。盖秦、汉间为天地一大变局。"（《廿二史劄记校证》）

所以，如何承继和认识这段历史，对汉文帝刘恒来说，实在是一个不小的考验。钱穆先生在《秦汉史》中对此有透辟的见解：

盖汉廷君臣，崛起草野，粗朴之风未脱，谨厚之气尚在。又当久乱后厌倦之人心，而济之以学者间冷静之意态。三者相合，遂成汉初宽简之治。故汉初之规模法度，虽全袭秦制，而政令施行之疏密缓急，则适若处于相反之两极焉。其一动一静，一宽一密之间，秦政乃战国紧张局面之掉尾，而汉治则以后元气恢复之开端。此中分界，并不在法规制度之相袭，而惟在心情意态之有异也。

至于汉高之诛锄功臣，韩信、彭越、黥布、陈豨之徒，相继杀戮。高后大封诸吕，亦遭失败。此不过为前代封建思想反动之余波。统一之机运既开，黎民得离战国之苦，君臣俱欲休息乎无为。大局所趋，中央政府自臻稳定，割据政权必难安立。历史大趋如此，亦不尽由于人谋也。

由于晋阳城乃文帝的起家之所，所以文帝在位期间，不忘故地，常常给予太原特殊照顾。如前元元年（公元前179年），即文帝即帝位后的第一年，六月，曾下诏给各郡国，不要向朝廷进贡，恩惠因此及于天下百姓，"诸侯四夷远近欢洽"，"乃修代来功"（开始考虑提拔、赏赐从代国跟随自己到长安的官员）。诏曰：

"方大臣诛诸吕迎朕，朕狐疑，皆止朕，唯中尉宋昌劝朕，朕以得保宗庙。已尊昌为卫将军，其封昌为壮武侯。诸从朕六人，官皆至九卿。"（《汉书》卷四《文帝纪》）

公元前177年，匈奴南侵，文帝遣丞相灌婴向北击退匈奴，遂由甘肃高奴（今陕西省延安市一带）转道太原，会见昔日代国之旧臣，赏民赐爵，分封土地，并免晋阳三年赋税，以报晋阳父老。此后，文帝又于公元前169年冬十一月至次年春正月、前161年春二月、前159年秋七月，数次回代地巡视，驾幸太原，问民疾苦，赈济穷困。

帝王也是人，会念旧，这种做法历朝多有，所以太原百姓心安理得地沐浴天恩。

西汉时，太原的制铜业承袭东周时奠定的基础，发展速度很快。1961年5月，太原东太堡出土铜鼎、铜镜、玉璧等文物，可为明证。同年8月，又发现了铜钟、鼎、鉴、盆、剑、博山炉

△文帝治世，体恤民情

等大量铜器，共计52件。由其中铜器铭文可以确定，墓主人的身份为刘恒封代王以后若干年代王府的重要人物。此外，在太原义井、黄坡、尖草坪、晋源区王郭村等地发现大量汉墓，所有这些，构成了研究汉朝晋阳文化的重要佐证。

史传，刘恒贤知温良，确为仁孝之人。在晋阳与母亲相依为命的日子里，有一次薄姬一病三年，刘恒"目不交睫，衣不解带"，凡其母入口汤药，皆亲口尝过才放心让母亲服用，因此，其孝名闻于天下。其事迹被收入《二十四孝》。继位为文帝后，他仍听从母亲教诲，崇尚俭朴的生活，并带头反对厚葬之风，遏止奢靡。他前后在位23年，使汉初经济得到了飞速的发展。班固在《汉书》中赞叹说："专务以德化民，是以海内殷富……"

文帝的儿子刘启（景帝）继位后，沿袭了其父的政策，继续推崇道家无为而治之法，轻徭薄赋，从而使多年战争带来的巨大破坏得以恢复。故此方有"文景之治"。这是中国封建经济发展的奠基时期。

经过文帝、景帝两朝，到武帝时，国力已经大增，所以才有后来的北伐匈奴，驰骋西域。确如前文所言，汉武帝的绝世武功，实由此始。

历史的云烟虽然散去，但由于文帝与古晋阳的特殊关系，迄今在晋源区南街村（古晋阳南关一带）仍然保留着祭祀文帝、景帝的历史遗构——龙天庙，俗称刘王祠，或称代王庙。据范世康先生介绍，在山西境内，代王庙还有多处。

而作为非物质文化遗产项目被传袭至今的龙天庙会，更是保留着二月二"龙抬头"放焰火（祭龙）、七月初五迎龙、九月十五谢龙的复杂、纷繁的传统习俗。当地百姓在祭祀神灵活动时会以高呼"代王到，代王到，阿哈弥尔拉茂""代王、代王我来也，那哈弥尔托福"的方式来承托他们对与民生息的文帝、景帝绵延不绝的敬仰、崇拜与哀思。

（闫文盛）

△龙天庙

第五章 | 刘琨守晋
百炼钢化作绕指柔

中国封建社会经历了汉代末年的三国纷争之后，暂时统一"归晋"。然而如前所述，由于晋阳城的特殊地位和作用，西晋时的社会矛盾复杂尖锐，这就引发了刘琨坚守晋阳的壮烈故事。

刘琨曾在他人生中的至暗时刻，给友人卢谌写了一首壮烈而苍凉的诗歌《重赠卢谌》。诗的结尾写道：

时哉不我与，去乎若云浮。

朱实陨劲风，繁英落素秋。

狭路倾华盖，骇驷摧双辀。

何意百炼钢，化为绕指柔。

这四句大意为时光如浮云一样易逝，它不会停止下来，等待我们来完成功业。成熟的果实在寒风中徒然坠地，繁茂的花朵在萧瑟的秋天里飘落。路途险恶，以至于翻了前进的车辆和惊吓了驾车的宝马。没想到百炼成钢的梁子，现今却变成在手指上缠绕的柔软丝绸。

这是一曲英雄末路的悲歌，是魂牵梦绕于晋阳城的刘琨，人生中发出的最后一声叹息。但历史并没有忘记他的事功，依然记录下他曾经在晋阳城经历的那些烽火岁月和血泪征程。

刘琨，字越石，中山魏昌（今河北省无极县）人，为西汉中山靖王刘胜之后。而上溯到汉文帝刘恒，刘琨与这位开启"文景之治"的具有雄才大略的皇帝则有着血脉和地理上的因缘接续与传承。

有关刘恒治理代的政绩和宽厚仁慈的品格以及历史上罕有的贤明皇帝的概况，本书第四章已作叙述。

刘琨是刘胜之后，当然亦是其祖辈刘恒之后，因此在血脉上他先天就与晋阳结下不解之缘，似乎在冥冥之中已有神明安排下他命运的浮沉起落。在这起落之间，他都离不开晋阳城，离不开最早由刘恒治理代地时所奠定的那种血脉和地理上的因缘连接与政治影响。评述刘恒功业，必定要涉及他治理代地的经历，而评述刘琨更无法绕开晋阳城。

刘琨才华横溢，少时就有文名，后来成长为西晋时期杰出的政治家、文学家、音乐家和军事家。在刘琨的青年时期，他工于诗赋，当时贾后之侄贾谧权过人主，周围聚集了很多贵族出身的文人，他们常常互相唱和，彼此评点，时称"二十四友"，刘琨兄弟就身在其中。从当时来看，刘琨只是一个颇有文学才华的贵族子弟，没有人能想到他在未来会成为一个带领千军万马，孤守晋阳城的军事领袖。

永兴元年（304 年），晋惠帝被张方胁迫迁都长安。次年，刘乔攻击司马虓，刘琨援救不及，其父母皆被俘获。对于刘琨来说，自己的父母被俘是一件天大的事。光熙元年（306 年），一心想营救父母的刘琨从幽州刺史王浚处求得八百骑兵，经过浴血奋战，击破了东平王司马楙，战败刘乔，终于救出父母。同年，司马越将晋惠帝救回洛阳，因这一战，刘琨被封为广武侯，邑二千户。这是刘琨首次登上西晋的军事舞台，并且一上场就取得了胜利，不仅展露出自己在战场上的智慧和勇气，同时也顺利救出被俘的父母，传为一时美谈。

刘琨因为战功，获得了司马越的信任。在光熙元年九月，司马越派刘琨出任并州刺史，加振威将军，领护匈奴中郎将。刘琨带领一千余人辗转离开首都洛阳，于永嘉元年（307 年）春到达晋阳。此时的晋阳经历连年战乱，早已成了一座空城。刘琨上任，手下得有军队，于是他就从上党的壶关、长治一带募兵千余人，勉强凑齐了一支军队。他带领这支军队突破匈奴的层层封锁，终于抵达晋阳，而等待刘琨的是怎样一座城市呢？

当时晋阳的衙门和寺庙基本上已被焚毁，遍地都是死去很久还没有被埋葬的难民尸体。幸存的百姓皆是一副饥肠辘辘的模样，他们瘦骨嶙峋，面无人色，似乎生命随时都有可能结束，从而变成又一具横陈在凋敝街头上的尸体。城内乱草丛生，野狗和豺狼四处乱窜，完全是一派人间地狱的景象。这就是刘琨面对的自己将要在未来治理和守护的城市。

原先的并州曾经是北方的粮仓，人民富裕，街市繁华。那时候，中国的南方还没有开发起来，经济还很落后，是并州、冀州等几个北方的重镇支撑起全国的粮食供应。但是因为"八王之乱"，多年的战争破坏以及周边少数民族的侵略，使得原本繁荣的晋阳城几乎成了一座困在绝境中的死城。

这时的刘琨想的是如何才能在最短的时间内恢复晋阳城的生机，提振士气，同时也让城中的百姓对他这个新上任的刺史生出信心。要想使城市恢复生机，人口必不可少，但原来居住的百姓因为战乱和饥荒都跟随司马腾去了邺城，留下的已不足两万。要解决这个问题，刘琨就得招抚流民，把原来那些逃跑出去的流民都召回来，重建家园。可是空谈召回，如同纸上谈兵，流民们不会轻易回到故土。为了让流民相信晋阳城在自己的治下会变得重新繁荣，刘琨带领城中的百姓和兵士剪除城中的荆棘和枯草，将那些遍布街头的难民尸体予以妥善安葬。接着他就带领人们开垦荒田，恢复生产，重建房屋，"鸡犬之声复相闻"。不出刘琨所料，他来到晋阳后的这些积极举措给那些流民以充足的信心，使他们生出回到故园之心。渐渐地，流民们陆续回到了晋阳，而且由于刘琨在治理晋阳城时突显的领导才能，竟然使很多原先并不居住在晋阳城的百姓也对他抱有信心，接连不断地来到晋阳，投奔这位励精图治的刺史大人。史载洛阳沦陷后，刘琨的父母一路逃难，来到晋阳投奔儿子，至此晋阳也就成为刘琨真正的家园。刘琨的家安在了晋阳，对于城中百姓而言，心中更多了一份踏实，因此他们也就更加听命于刘琨，悉心建设家园，巩固城防。

随着城中百姓的不断增多，刘琨推出"耕战合一"的举措。这一举措就是要求百姓平时下地耕种的时候也要随身携带作战的武器，以防周边少数民族的劫掠。刘琨将兵士和农民合二为一，同时也就将对晋阳城的守护和农业生产结合在一起，即在努力恢复生产的时候，也要保持对异族入侵的警惕。在刘琨治下，百姓们在进行农业生产时是地道的农民，而在战时，他们便是训练有素的士兵。

为了抵御未来可能侵犯晋阳的敌人，刘琨带领军民修复城墙，时时都做好战斗准备。就这样，在刘琨领导下，原先满目疮痍的晋阳城很快就恢复了生机，城池得到修复，变得十分坚固，而百姓们也开始重新过上安稳的日子。此时，刘琨已经建立起自己的威望，他的一系列政治举措深得民心，政治地位得到了确立和巩固。但刘琨深知这只是一时的安稳，而在晋阳城周边有各路强敌窥伺，并州的军事斗争形势依然复杂而危险。那时西、南两面有刘汉匈奴政权盘踞在左国城（今山西省方山县境内），北面则有鲜卑族拓跋猗卢把守的雁门，东面是与段部鲜卑结盟的幽州刺史王浚和羯族首领石勒据守的襄国。

刘琨经过对周边强敌的分析和精心谋划，为了在乱世中站稳脚跟，决定与拓跋鲜卑首领拓跋猗卢结为兄弟，形成一种战略结盟的军事关系。这一步对于刘琨和他治下的晋阳城来说可谓至关重要。与拓跋猗卢部的结盟，使晋阳城有了强劲的外援，而面对未来的乱局，也就有了刘琨可以依靠的一股军事力量。当时对晋阳最具有威胁的敌对势力有两支，一支是汉匈奴刘聪，另一支是羯族首领石勒。他们都有将晋阳吞并之意，可以说都是刘琨最危险的敌人。无论是这两支军事力量中的哪一支，都足以与刘琨新建立的军队相抗衡。在刘琨面对的重重危险和包围中，只有幽州刺史王浚暂时对晋阳保持中立，没有显露出不忠于晋室之心。

在错综复杂的政治态势和军事环境下，渐渐恢复生机的晋阳城就像各路势力虎视眈眈下的一块肥肉，而刘琨则每时每刻都处于一种可怕的军事威胁之下，他的处境是"自守则稽聪之诛，进讨则勒袭其后，进退维谷，首尾狼狈"。但这种险恶的政治环境激发出刘琨的政治和军事才华，使他从容面对晋阳城周边的各种敌对势力，一方面他利用结盟力量，形成防护屏障，另一方面则时刻准备着与来犯的敌军进行血战，保卫晋阳城。

从当时西晋王朝的政治态势来看，刘琨治理下的晋阳虽然深陷危险当中，但它也逐渐成为一支不可被忽视的军事势力，并且正因为刘琨对并州的苦心经营，在一定程度上推迟了晋朝的最终覆灭。而蒸蒸日上的晋阳城也一跃成为晋朝在中原区域的少数几个具有较为强大军事实力的城池之一。可以想象，刘琨在晋阳城楼上望向四面八方时，内心一定充满对晋阳城未来的深切忧虑和不断鼓起的政治勇气。

四面环敌的恶劣而危险的政治处境就像火焰和重锤一般，正在日夜不息地打造或锻炼着刘琨的意志品质和英雄气概，就如他日后诗中所写的"百炼钢"一般。刘琨依凭着饱经岁月风霜的晋阳城，正在一步步进入历史叙述的中心位置，而等待他的将是一场接一场的晋阳保卫战，其间他领导军民在守城时体现的艰苦卓绝的战斗精神以及他在风雨飘摇的时局当中苦苦支撑时显露的英雄肝胆，可谓惊天动地，可歌可泣又可哀可叹。

晋阳保卫战和争夺战的大幕在西晋历史风烟的笼罩下已经骤然拉开。

面对晋阳城周边的强敌，刘琨带领军民，对不断前来劫掠和侵扰的异族军队进行了顽强抵抗。《晋书》和《资治通鉴》记载，刘琨在镇守晋阳城期间，击退了汉匈奴的三次进攻。在交战中，拥有杰出军事才能的刘琨和英勇搏杀的晋阳军民使匈奴军队无功而返。

西晋永嘉三年（309 年），汉匈奴刘聪派军进攻晋阳，刘琨运筹帷幄，带领军民奋力还击，最终匈奴不克而还。在这次战斗

△名将刘琨孤守晋阳城

中，刘琨树立起自己在战场上军事统帅的威信。晋阳的百姓发现刘琨不仅是一个杰出的能够迅速整顿秩序和发展地方经济的文官，而在战争中也是一个充满智慧和勇气的领袖。永嘉四年（310年），匈奴汉国封石勒为并州刺史，于是在并州境内出现了两个刺史对峙的奇怪局面。这种现象在历史上非常少见，它精确地说明当时刘琨所处的政治和军事环境有多么险恶。在这种环境下，刘琨并没有头脑发热或者恼羞成怒，进而自乱了阵脚，而是极为冷静地进行应对。当时石勒的母亲和侄儿都身在晋阳，这是一个极为难得的机会。如果给了普通的守将，对于军事对手的亲属，大都会软禁起来，作为未来劝降或谈判的重要砝码。但刘琨绝不是普通人，他有远超一般人的政治智慧，尽管这种政治智慧在某种程度上更像一种政治冒险或试探。他是这样应对的——将石勒的母亲和侄儿予以送还，而且修书一封，苦口婆心地劝石勒归顺西晋，许以高官厚禄。刘琨希望能在情感上感染对方，托出了自己的一颗赤心，从而与石勒一起向西晋效忠，以挽救这个在风雨飘摇中岌岌可危的王朝。石勒则素有雄心壮志，是一个久经沙场的英雄人物，他一心只想建立属于自己的功业，因此他在分析了西晋的现状后，认为其终究逃不脱灭亡的命运。于是他在接收自己的亲人后，馈赠了刘琨很多珠宝和名马，但清楚地回绝了刘琨的劝降。这对刘琨是一个政治打击，它使刘琨的政治谋略落空，而且还在某种程度上逼迫自己面对西晋王朝的破落现实。此时的刘琨并未气馁，也从未动摇过效忠西晋的决心，他心想只要自己能守住晋阳，就能为西晋王朝的复兴增添一分沉甸甸的希望。

永嘉六年（312年）正月，汉匈奴刘聪又遣兵围攻晋阳，代公拓跋猗卢基于和刘琨订立的同盟关系，及时援军晋阳，经过一番苦战，至三月解围。这次危机的化解，得益于刘琨在前期的战略眼光，他与拓跋猗卢的结盟，不仅消解了拓跋猗卢对于晋阳的觊觎，而且还为自己争取了一支拥有强大军事力量的同盟军。

刘琨保卫晋阳期间，流传着他以胡笳退敌的传奇故事。当时有数万匈奴兵围困晋阳，而刘琨带领军民，誓死抵抗，但终究实力不足，眼看他苦心经营的晋阳城就要被敌人攻破。刘琨见大事不妙，此时如果他倾其所有，带领所有军民与匈奴部队死拼，进行最后的决战，后果凶多吉少。而晋阳一旦沦陷，他也就失去了自己的政治地盘，西晋则丧失了一个不可替代的战略要地，显然他不可鲁莽行事。于是他一面继续严密防守城池，一面修书给拓跋猗卢，请求援军尽快到来。过了一阵，援军仍未到来，而城内的粮草已经告急，军民们中间开始滋生恐慌的情绪。而匈奴一边，也好不到哪里，由于他们久攻晋阳不下，士气已大泄，只是苦苦威逼罢了，这时双方处在一个艰苦的相持阶段。一日心怀忧虑的刘琨登上城楼，望向城外的匈奴营地，心中苦思退敌良策，突然他想起历史上"四面楚歌"的故事，于是果断下令，让会吹卷叶胡笳的军士快速集合在一起，组成了一个吹胡笳的队伍。他命令这些兵士们朝着敌营那边吹《胡笳五弄》，而且要求吹得感伤和哀痛。夜半时分，匈奴兵听到了胡笳声，都怀念起家乡，强烈的思乡之情使军心出现动摇，以至于令这些远离家乡来征战的士兵都流下了眼泪。这样的部队已经失去大部分战斗力，于是匈奴兵只得退兵。这个故事记载在《晋书·刘琨传》里，其虽有夸张和杜撰的成分，但也从传奇性的历史叙事角度里肯定了刘琨善用奇谋的个人特点，而且刘琨本人确实也善吹胡笳，可见这故事中也包含着一定的历史真实。

在治理并州和保卫晋阳的日子里，刘琨全力以赴，充分展示了自己的政治智慧和军事才能，但也突显出自己性格上的一些缺陷和不足。刘琨虽然具有远大的志向和强大的治理能力，但他也有个性上的缺陷，或者说人性上的弱点。他在用人上的草率或者说荒唐使他遭受了自己人生中的第一次重创。

刘琨热爱音乐，并且具有相当的造诣，因此他便重用了和他一样擅长音律的河南人徐润。刘琨可以说对他完全信任，甚至可以说宠信他，任命他为晋阳令，但徐润此人除了会音律外，其他方面一无是处。从此，徐润仗着刘琨对自己的信任，就常常干预各种政务和政令，这就使刘琨的其他下属产生了严重不满，其中就有护军令狐盛。

令狐盛为人刚正耿直，在徐润干预政务这件事上，他屡屡进谏刘琨，痛陈徐润所作所为的荒谬，建议杀掉徐润，否则长此下去刘琨就会失去官兵和百姓的拥护和支持。但刘琨并未接受他的意见，依然继续宠信徐润，这就使令狐盛感到非常失望，而徐润也知晓令狐盛与自己作对，作为政治上的死敌，他当然不会手软，于是他就在刘琨面前污蔑令狐盛，说此人对刘琨素有异心，应该当机立断，杀掉这个迟早会背叛刘琨的不忠之人。可悲的是，刘琨轻率地听信了徐润之说，没有经过认真调查，就下令杀害了令狐盛。这一事件的发生，使刘琨的下属感到了寒心，也在一定程度上动摇了军心。更严重的是令狐盛的儿子令狐泥在父亲被害后，逃亡出来，投降了汉匈奴刘聪。刘聪是刘琨所面对的最强大的敌人，他屡次派遣部队围攻晋阳，但从未攻克，而令狐泥的投降使他对晋阳的守备情况知道得清清楚楚，这无疑使晋阳城堕入了一个极度危险的境地。

永嘉六年（312年）七月，刘聪派遣河内王刘粲、中山王刘曜以降将令狐泥为向导进攻晋阳。此时刘琨因为雁门乌丸部落叛乱，而带兵去镇压。晋阳城正处于最薄弱的关口，匈奴趁机来围攻晋阳，已占了优势，一时间晋阳处于万分危急之中。闻匈奴来犯，刘琨一面派部将郝洗、张乔出战，一面请鲜卑拓跋猗卢出兵相救。但就在救兵尚未到达之时，郝、张两将已经兵败被杀，晋阳已成孤危之城。面对乘虚而来的匈奴军队，太原太守高乔和并州别驾郝聿献城投降，晋阳城就此陷落。而接下来发生的事件将是刘琨的一生所痛：匈奴部队进入晋阳后，令狐泥极力搜寻到刘琨的父母，然后杀害了他们，报了自己的杀父之仇。

父母被杀一事沉重地打击了刘琨，他得知父母遇害的消息后悲痛欲绝，此事件使他一生都陷入自责的苦痛当中。中国人自古就极为重"孝"，而刘琨的父母因他自己的政治失误而身亡，此事就像在刘琨心上狠狠地扎了一刀。当然，这一刀也更加激起刘琨誓将匈奴部队消灭干净并且夺回晋阳城的意志。这意志是用牺牲的军民、被夺去的晋阳城和永远失去父母双亲换来的，可以说是一种由血泪浇灌出的钢铁意志。

匈奴部队占领晋阳后，刘汉政权任刘曜为车骑大将军，任前将军刘丰为并州刺史。永嘉六年（312 年）冬，志在复仇的刘琨经过反复谋划，联合拓跋猗卢部会兵于晋阳。猗卢之子六修为前锋，猗卢亲自率领 20 万大军为后继，刘琨则收拾散兵千余名为向导，志在与匈奴兵在晋阳城进行一场决战。拓跋六修与刘曜在汾东大战，刘曜不敌拓跋六修，在战场上负伤，摔落在马下，被部下救回。经过此战，匈奴军队死伤大半，从晋阳城西北 5 千米的蒙山林莽间逃遁而去。

晋阳失而复得。拓跋猗卢送刘琨马、牛、羊各一千余，车一百辆，之后便返回代郡，尽了同盟之义。这时的晋阳，已被匈奴部队践踏和蹂躏得残败不堪，比刘琨初见到的晋阳更加惨不忍睹。当时又遭遇旱灾，粮食极其缺乏，刘琨见此情景，只得饮恨移驻阳曲（今山西省太原市北的黄寨）。

刘琨孤守晋阳到现在，所处的军事环境越加凶险。匈奴的刘汉政权占据着左国城，是刘琨的宿敌。羯族首领石勒则牢牢控制着华北大部，以襄国为大本营，时时都觊觎着晋阳城，企图有朝一日将其吞入势力范围。晋阳城处于石勒和刘聪的前后夹击之下，就像案板上的鱼肉一般，随时都有再度沦陷之危。刘琨苦心孤守

晋水之阳笑一村

晋阳和征战多年，却最终深陷于一处复杂而危险的泥淖，但刘琨没有丧失自己的志气，英雄并未气短，他仍然苦守晋阳城，召集散失的士兵和百姓，致力于农耕生产，以图再度恢复晋阳城的勃勃生机。

刘琨坚守晋阳，从而使晋阳成为西晋王朝在北方的一个军事重镇，因此西晋便对刘琨的个人能力和晋阳城的战略地位越来越倚重。而随着政治和军事局势的变化，天下的烽烟又起。建兴元年（313年），晋愍帝即位，封刘琨为大将军。晋愍帝诏令三路进攻平阳，攻打匈奴汉赵政权。在北路方面，刘琨与拓跋猗卢会师于晋阳。经过一番军事谋划，由拓跋猗卢率领一支军队直捣平阳，另一支军队由刘琨率领，循西河（郡治兹氏，今山西省汾阳市）南下进攻西平（今山西省临汾市西）。汉赵皇帝刘聪得到消

息后，就调集主力部队守卫平阳，命令大将军刘粲坚决阻击刘琨的大军，又命骠骑将军刘易阻击拓跋猗卢，荡晋将军兰阳助守西平。

刘琨和拓跋猗卢的两支大军在匈奴顽强的层层防守和阻击之下，难以完成原先的军事计划，只得退兵。晋愍帝诏令的东西两支大军的进攻计划则因为司马睿拒绝出兵而无法施行。这是西晋对汉赵匈奴进行的最后一次大规模的军事进攻行动，但遗憾的是，在刘聪组织的强力防备和抗击之下，以及司马睿出于保存实力的私利而宣告失败。对于视匈奴为一生死敌的刘琨来说，这也是他个人的终生遗憾，从此壮志未酬的悲愤就始终郁结在他的心中。

建兴三年（315 年），晋愍帝拜刘琨为司空，都督并、冀、幽三州诸军事。此时刘琨成为西晋在北方最具实权与规模的一支

政治和军事力量。建兴四年，刘琨原本和拓跋猗卢约好日期，要共同出兵讨伐刘聪，可是天有不测风云，拓跋内部竟然爆发严重的内乱，猗卢父子相互残杀，最终猗卢被他儿子六修杀死，他的侄子则攻打六修，从而使代国陷入腥风血雨当中。因为刘琨的儿子刘遵此前在代国充当人质，他在猗卢的部将当中颇有威望，因此在代国大乱之时，就有拓跋猗卢的部众投靠刘遵，而刘遵便带领猗卢部将卫雄、箕澹以及3万士兵、马牛羊10万匹，一并归附了刘琨，由此刘琨的军事力量得到极大的补充，声威大振。

建兴四年（316年）十一月，石勒率军大举进攻乐平（今山西省昔阳县沾城），太守韩据自知力量薄弱，于是紧急向刘琨求援。这时刘琨的兵马众多，便打算出兵相救，而箕澹则劝刘琨等待有利时机再作打算，不可贸然行事。但刘琨一心只想建功立业，将周边的那些敌对势力扫平，恰好如今又有拓跋猗卢的部属归附，就更加坚定了出兵的想法，因此他并未听从劝谏。刘琨命箕澹率兵两万为前锋，自己亲率大军屯兵广牧（今山西省寿阳县西北），对箕澹部予以支援。石勒命孔苌为前锋，自己带领主力部队扼守险要位置，设下埋伏。孔苌伪装成溃退的样子，诱箕澹部深入埋伏圈内，而石勒伏兵齐出，势如破竹，最终致使箕澹部全军覆没。这时，韩据看到守不住乐平，便弃城而出，而并州司空长史李弘则向石勒投降。在这内外交困和连续打击之下，刘琨遭遇军事上的大败，实际上已无法在并州立足，于是只得投奔幽州刺史、辽西鲜卑左贤王段匹磾，与其结为兄弟，以图日后东山再起，收复晋阳。

一连串的军事失败，使刘琨将原先千辛万苦积累的军事力量赔得精光。他在面临重大决策时，由于头脑发热，所做决定草率，最终导致惨败。刘琨对于异族入侵充满了愤怒，再加上他父母也惨死于匈奴之手，所以每临与异族交战，他总会被非理性的复仇情绪和建功立业的迫切愿望所左右，从而错误地估计自己和对方的实力，断送了本该具有的政治和军事上的大好局势。刘琨被迫投靠段匹磾后，等于是寄人篱下，而处理段匹磾势力范围内的复杂而危险的政治关系则是刘琨面临的又一难题，这一难题关乎着他的生死存亡，不亚于一场战役，它是血与火的考验，就在这危险的政治态势下，他在段匹磾部走到了自己命运的终结时刻。

此时，刘曜已攻破长安，晋愍帝被俘，西晋灭亡，历史进入东晋王朝。建武元年（317年），段匹磾以刘琨为大都督，率军讨伐石勒，但因为段匹磾堂弟段末杯接受了石勒贿赂，不肯进军，进而阻碍了刘琨的军事计划，万般无奈之下，只有退兵一途。太兴元年（318年），段部鲜卑内斗，段末杯击败段匹磾，自任单于，并俘虏了刘琨的儿子刘群。这次事变，使刘琨又面临一个危局，鲜卑内部自相残杀的漩涡，终于不可遏制地将他卷入进来。

刘群被俘后，得到段末杯的厚待，便给刘琨写密信邀请他共同进攻段匹磾，谁料密信却被段匹磾截获。段匹磾虽然一直都比较信任刘琨，但此封密信事关自己政权的存亡，最终他还是将刘琨下狱。刘琨在被囚禁期间，由于他的名望，朝野上下皆为他感到愤慨。为了营救刘琨，代郡太守辟闾嵩与刘琨部下将领企图反叛段匹磾，从而救出刘琨，但可惜的是此事因为泄密而失败。大兴元年（318 年），段匹磾自称奉皇帝诏旨将刘琨缢杀，子侄四人同时遇害。刘琨时年 48 岁。东晋因段匹磾势力强大，还要依靠他讨伐石勒，因此没有吊祭刘琨。

刘琨死后，世子刘群、姨甥卢谌、内侄崔悦等投奔辽西段末杯，而部下将佐大都投靠石勒。大兴三年（320 年），卢谌、崔悦等上表朝廷为刘琨鸣冤，太子中庶子温峤也上表附议，晋元帝于是追赠刘琨为侍中、太尉，谥号为愍。刘琨在西晋王朝末期临危受命，孤守晋阳城，苦苦支撑了 9 年，最后却落得惨死的下场，英雄末路，常使后人为他建立的功业而感到惋惜和悲叹。当时，以司马氏为首的西晋统治者渡江南迁，只图苟安，将兵凶战危的中原大地留给了以刘琨为首的一批忠臣去苦撑与死拼。刘琨在与异族的战斗中，置自己的生死于度外，尽自己所能，拼着一腔热血，维护了国家的统一和民族的利益，与异族进行了无数次残酷的斗争，史载："自河之北，幽并以南，丑类有所顾惮者，惟琨而已。"这是历史给予刘琨的中肯评价。

刘琨不仅是一个能征善战，意志坚强的军事领袖，而且在音乐和诗文方面也有很高的造诣，可谓多才多艺。历史上还流传着他的一些轶事，其中有两个故事还催生出两个成语，这两个成语至今依然被人们使用，从而影响着我们中国人的精神世界。一个是"闻鸡起舞"。刘琨与祖逖一起担任司州主簿时，感情非常好，他们俩不仅时常同床而卧，同被而眠，并且都心怀大志，期望自己在未来能够建立不朽的功业。有一天，在夜半时分，祖逖听到了鸡叫声，就叫醒刘琨，与他说："此非恶声也。" 祖逖的意思是，这是老天在催促我们要珍惜时间，苦练本领，于是祖逖和刘琨便来到屋外舞剑练武，不荒废大好时光。另一个成语为"桓温自恋"。大司马桓温，认为自己有英雄之姿，应是司马懿、刘琨一类的人物，但现实情况是他总被人们比作大将军王敦，因此很不高兴。桓温北伐归来后，带回来一个年老的婢女。这位老婢曾是刘琨的家伎。老婢一见桓温，就流下了眼泪，说道："公甚似刘司空。"桓温一听大喜，连忙整理自己的衣冠，问哪里像。老婢答道："面甚似，恨薄；眼甚似，恨小；须甚似，恨赤；形甚似，恨短；声甚似，恨雌。"桓温听后，大为扫兴，为此烦闷了好多天。由此也可看到刘琨在当时的威望甚高，深受人们的敬仰。

刘琨对晋阳城的贡献，不仅是守护晋阳，打了多场惨烈至极的晋阳保卫战，而且他还扩建晋阳城，使其成为一个北方大都市。当时，刘琨为了抵御匈奴进犯，扩筑城垣，最终扩建后的晋阳城城垣长达"四千三百二十丈"，合 13.5 千米。《元和郡县志》记载："府城（即并州城），故老传晋并州刺史刘琨筑。今（唐）按，城高四丈，周回二十七里。"他扩建的晋阳城，是晋阳自创建以来 800 余年有记载的第一次扩建。城垣布局由原来周边两千米的小城，变成了里外两座的"城套城"建筑格局，为以后晋阳城的繁荣奠定了坚实的基础，而晋阳城在刘琨治下，开始真正具有了大都市的城建气质。

（贾墨冰）

△西晋·铜镜
2014 年太原西晋墓出土

△晋阳古城二号建筑基址群

△高欢、高洋父子主持修筑天龙山石窟

古往今来的史学家，在评价南北朝的历史功过时，尽管诸说不一，但有一点是统一共识的，即研究北朝文化，离不开太原城。

史家之所以有这个说法，最主要原因是晋阳在北朝的特殊地位非同小可：一曰东魏"霸府"，二曰北齐"别都"。当然，这两个极其重要的称谓，与它的开创者——高欢、高洋父子紧密相关。

所谓 "霸府"，是指当时的晋阳虽不是京都，可是因为高欢位高权重，可以在此城控制整个东魏的政治局势，因此晋阳也就顺理成章地成为东魏朝野的实际指挥中心。

高欢，小字贺六浑，原籍渤海蓨县（今河北省景县），出生于怀朔镇（今内蒙古自治区固阳县）的兵户之家，是鲜卑化的汉人。其祖父高谧曾官至北魏侍御史，但因触犯法律而被流放到怀朔镇，自此高氏家族就急速地走向了衰败。

高欢的父亲高树生不仅没有才能建功立业，重振家声，而且还是个不事生产、游手好闲的浪荡子弟，因此高氏家族的声望在高树生这一代更加没落了。高欢出生不久，母亲韩期姬就去世了，他是由姐姐常山君高娄斤和姐夫尉景抚养长大的。他成年后娶了鲜卑女娄昭君，才从其嫁妆中得到自己人生中的第一匹马，而有了马，他才有资格在边镇队伍中当队主（下属100人左右），这等于是因为他妻子的缘故，他的生活才得以改善，前途才开始顺遂起来。

高欢当队主后，就想尽办法结交当时具有一定权力的人物，在这个时期，他充分显示了自己异于常人的社交能力和惊人的城府。当时镇将段长觉得高欢天赋异禀，长相也与众不同，就对他寄予厚望，认为他将来肯定能建立自己的功业，而且拜托他将来发达后照顾自己的儿孙。不得不说，段长真是慧眼识人，那时的高欢不过是边镇队伍中的低阶军官罢了。正是因为段长的激励之语，高欢对自己的未来更加充满信心并且坚定不移地向着自己的人生目标迈进。后来高欢果然成为北魏最有权势之人，他也并未忘记当年段长对自己的鼓励和赏识，就追赠段长为司空，并提拔段长的儿子段宁为官，成就了一段知恩图报的佳话。

历史的车轮开进北魏末年，此时在河北爆发了起义。这对于一直蛰伏在军中的高欢来说是一个绝佳的翻身机会，他毫不犹豫地参加了杜洛周的起义军，但他自认为具有不凡的才能，所以看不上杜洛周的为人处事，于是与几位军官图谋杀死杜洛周，但并未成功。之后他几经周折，归附尔朱荣于秀容（今山西省忻州市）。在尔朱荣帐下，高欢逐渐变得成熟，也更加善于在军事斗争中运用谋略，取得胜利。孝昌四年（528年）七月，葛荣亲率百万大军围攻重镇邺城，尔朱荣率领兵马迎战并最终击败葛荣。当时，高欢趁战乱招降了葛荣方1万多人的军队，以山东的冀、定、相诸州（今河北省及河南省北部）为自己的据点，很快就壮大了自己的势力。永安三年（530年），孝庄帝杀死尔朱荣，尔朱家族起兵讨伐孝庄帝，孝庄帝战败被杀，尔朱家族立长广王元晔为帝，并封高欢为平阳郡公。高欢运用政治谋略，将尔朱荣安置在并、肆（今山西省忻州市）两州的原葛荣部下20万多人带往河北，脱离了掌握北魏政权的尔朱兆（尔朱荣侄儿）的控制。这时的高欢与过去那个需要时时仰人鼻息的下阶军官已经判若两人，他羽翼渐丰，拥有了自己的根据地和训练有素的军队，在各方势力争斗的乱局里已然成为一支强劲的军事和政治力量。

尔朱家族的统治非常残暴，不得民心，力量不断壮大的高欢便想彻底推翻这个家族，重整当时的政治秩序。此时尔朱度律废元晔而立节闵帝元恭，他想控制住高欢，就于三月请求节闵帝封高欢为渤海王，征使入觐，高欢则推辞不去。四月，又加授高欢诸多官位，但高欢不为所动，他巧妙地利用民族隔阂，用政治手腕使六镇军民对尔朱家族大为怨恨，从而拥戴自己。普泰元年（531年）六月，高欢在信都起兵。为了名正言顺，高欢拥立北魏宗室、渤海太守元朗为帝，翌年正月占领邺城，高欢被封为大丞相、柱国大将军、太师。北魏中兴二年（532年），高欢的军队以少胜多，在广阿大败尔朱兆，俘获5000多人。尔朱兆兵败后，仓皇逃窜，高欢则乘胜追击，进据洛阳，尽杀留守的尔朱氏党羽。高欢另立宗室元修为皇帝，即北魏孝武帝。元修封高欢为大丞相、渤海王，又世袭定州刺史，从此高欢执掌了北魏大权。同年七月，高欢亲自率领10万大军一举攻克了尔朱氏的老巢晋阳，这等于是给了尔朱家族致命一击，使其元气几乎消失殆尽。

北魏永熙二年（533年），尔朱兆在秀容兵败，被逼自缢，自此尔朱氏的政权便彻底崩溃，高欢终于扫清面前的政治障碍，确立了自己在北魏政治版图上的中心位置。掌握大权后的高欢深切地知晓晋阳作为军事要地的价值，占据晋阳既有利于联系北部鲜卑，也有利于进入中原腹地。因此高欢便入居晋阳，建起大丞相府，在此地控制着整个朝野的政治走向。同时，高欢命令六镇军民迁徙到晋阳周围的地区，形成一种拱卫晋阳的战略局面。由此晋阳就成为高欢主要的活动区域，他凭借晋阳得天独厚的地理位置，发出自己的指令，指挥朝野上下，精心谋划着自己的政治前途。

北魏孝武帝元修虽然是高欢所立，但他不满朝野大权都被高欢一人掌控，就找借口杀死高欢亲信司空高乾。同时元修又大力扶植匈奴人宇文泰，试图以宇文泰的政治势力来对抗高欢，直至消灭以晋阳为大本营的高欢势力。北魏永熙三年（534 年），孝武帝元修假称宇文泰有谋反之意，诏令高欢出兵讨伐，试图以此来诱使高欢进入洛阳，从而乘机进攻晋阳，一举夺取高欢的大本营。但高欢早已识破元修的计谋，他立刻回复，说自己属下 5 路兵马共 22 万大军已出发，全力助援皇帝征讨谋反的奸贼。眼看着高欢的军队渡过黄河，就要直逼洛阳。此时元修取下了面具，与高欢直接对决——他下诏宣示高欢的罪恶，放弃洛阳，投奔宇文泰。高欢进入洛阳后，为了日后便于控制朝纲，就立 11 岁的清河王世子元善见为帝（东魏孝静帝），同时迁都邺城。次年宇文泰拥立元宝炬为帝（西魏文帝）。北魏从此分裂为东魏和西魏，这两支政治力量相互激烈对抗，而高欢和宇文家族也就从此拉开了相互进行血腥争斗的历史帷幕。

这时高欢在东魏可谓一手遮天，他拥有远远超出自己身份和官职的权力，成为东魏实际上的皇帝或者最终决策人，因此他所在的晋阳就被人们称为"霸府"（晋阳城遗址古城营村有地名"将府圪垛"，相传即为高欢霸府遗址）。

高欢为巩固和维持东魏政权和自己的权力，就与西魏宇文泰进行了多次惨烈的战争，双方互有胜负，一时都难以消灭对方。东魏武定四年（546 年）十月，已年过五旬但壮心不已的高欢率10 万大军围攻西魏位于汾河下游的重要据点玉壁（今山西省稷山县）。高欢将此战视为自己对西魏的决战，希望通过这次战争，完全摧毁西魏政权。玉璧城由西魏名将韦孝宽坚守，兵士不过数千，而高欢的10万大军昼夜攻城，一刻不停。韦孝宽则率领兵士，顽强抵抗。

高欢命令士兵从地下挖掘地道，试图挖穿城根，杀入城中。韦孝宽从容应对，在城周挖出一条大沟，高欢的士兵只要从地道尽头跌入长沟，就会立即被守城的士兵击杀。高欢又想出焚烧城门的法子，也被韦孝宽破解。随着时间推移，久攻不下的高欢部队渐渐士气低迷，而韦孝宽的部队因为应对得法，则士气大振，守城的意志更为坚定。无计可施的高欢只得派参军祖珽说降韦孝宽，但韦孝宽一口回绝了他的劝降之辞。

高欢的围攻迟迟没有成效，而天时竟然也不利他。在他攻打玉璧的50多天里爆发了瘟疫，使他的军队病死7万多人，这些人都被高欢下令埋在一个大坑里。面对无法攻克玉璧的战争局面，并且自己的军队又损失惨重，高欢终于心力交瘁，病倒在军中。这时西魏军中乘机传出高欢中箭身亡的谣言。高欢听闻此消息后，为稳定军心，便大宴诸将士，并与大将斛律金一起高唱《敕勒歌》，其间想起自己在玉璧的惨败，心中着实不甘，不禁流下眼泪。东魏武定五年（547年）正月朔日（农历正月初一），被病魔缠身的高欢逝于晋阳家中，时年52，葬在义平陵。

高欢此人城府极深，富于政治谋略。他因为出身于社会底层，所以在用人上不拘一格，不论对方的地位和身份，只以其才能为

△天龙山高欢避暑宫遗址

唯一的评判和任用标准。他治军非常严厉，而且公正，因此他帐下的将士都愿意为他效忠，不惜牺牲生命。他定居晋阳期间，控制着东魏最为核心的政务和军务，等于行使着帝王之权，而晋阳城在他治下，其地位竟然胜过了真正的都城邺城。"霸府"这一称谓正是对当时晋阳城政治和军事地位的准确概括，而且"霸府"的影响力从北魏末一直延续到北齐末，这期间它始终威慑四方，成为实际上的政治决策中心。

高欢在东魏的英雄作为，为日后北齐立国打下坚实的基础，可以说他是北齐最早的政治上的设计师和奠基人。司马光曾评说高欢："欢性深密，终日俨然，人不能测，机权之际，变化若神。"这是对高欢政治智慧极高的评价。"霸府"的威严气质不断影响着后来的文人墨客，直到千年之后依然有诗人赞颂高欢的英雄功业，清人陆以谦就有诗曰："当年霸府气如虹，幽夏区域归牢笼。西包汾晋北沙漠，沧海直达江淮东。"

高欢之后，真正缔造北齐王朝的是他的儿子高洋。

高洋，字子进，鲜卑名侯尼于，又名晋阳乐，北魏孝昌二年（526年）出生于晋阳。据说其母娄昭君怀他时，每夜都有红光笼罩于居室，此种异象令娄昭君感到大为惊异，因此在高洋出生后她就给他取鲜卑名为"侯尼于"，意为"有相子"。高洋小时候其貌不扬，极为寡言，常被兄弟们耍弄和嘲笑。但这绝不是他的本来面貌和性格，其实他"神彩英畅，言辞敏洽"，只是他隐藏了起来，故意装出一副不问世事、与世无争的懵懂模样，只有这样他才能保护自己，不受兄弟们的猜忌。实际上从这个时候起，高洋就已经像一个成熟的政治家那样，可以巧妙而自如地施展自己的谋略。

东魏孝静帝天平二年（535年），高洋被授为散骑常侍、骠骑大将军、仪同三司、左光禄大夫、太原郡开国公。孝静帝武定元年（543年），又加侍中，次年迁移为尚书左仆射、领军将军。武定五年（547年）正月，高欢去世，高澄接手朝政，高洋被授为尚书令、中书监、京畿大都督，这时的东魏朝政牢牢地掌握在高澄和高洋两兄弟手中。历史的发展和变化中，常常会出现一些关系重大的偶然事件，这些事件往往会成为历史进程中的转折点。武定七年（549年），年仅29岁的大丞相高澄竟然被他的厨奴兰京等人杀害于邺城。这个事件无异于东魏朝中响起的晴天霹雳，一时间朝廷上下一片混乱。此时23岁的高洋迅速抓住这个机会，挺身而出，平定了这场叛乱。在这期间，他镇定从容，管理的大小事务皆能公正处理，而且井然有序，其政治智慧和果敢刚毅的性格俱被人们称道，从此他便在东魏朝野树立起自己的政治威严，一举获得了东魏大臣们的信任。

武定八年（550年）五月，高洋经过精心谋划，派司空潘乐、侍中张亮、黄门侍郎赵彦深等人去见孝静帝，要他遵循天意，仿效尧舜，禅位给自己。然后由杨愔把早已拟好的禅位制书递上去，孝静帝只得含泪在制书上签名。高洋遂登基称帝，年号天保，国号齐，定都邺城。在北齐时代，虽以邺城为都城，但晋阳依然是高氏家族的政治大本营，视为"别都"。包括高洋在内的7个皇帝，都对晋阳怀有深厚的感情，他们待在晋阳的时间大大超过了邺城，而且皆在此地统领天下，运用谋略和发布命令，因此北齐政治和军事的复杂演进与变化在某种意义上也可称为环绕着"别都"晋阳的一系列历史性的风云际会。

王朝虽然已开创，但高洋面对的政治危险随着他的登基而一天天加剧。高洋即皇位的消息传到西魏宇文泰耳朵里，宇文泰觉得这个 20 多岁的年轻人并没有经历过什么政治风浪，只是由于抓住良机，才成就了功业，因此并不值得畏惧，反而应该趁他立足未稳之时，彻底摧毁他的政权。于是宇文泰亲率大军东进，征伐高洋。

高洋闻听消息后，镇定地进行应对。他纠合六州鲜卑，举行了一次规模庞大的军事演习，演习时的雄壮军威使暗中观察的宇文泰大为震惊，不禁说道："高欢并没有死啊！"从这次军事演习中，宇文泰知晓自己的军事力量不如北齐，所以赶紧班师回朝。高洋的一场演习就吓退了宇文泰的大军，此举使北齐朝野上下的文臣武将对高洋的军事谋略更加敬服。

天保三年（552 年）正月，文宣帝高洋乘北国封冻之机，亲率北齐军队进攻库莫奚，取得大胜。天保四年（553 年），文宣帝再伐契丹。身为一国之君的高洋"亲逾山岭，为士卒先"，"露头袒膊，昼夜不息，行千余里，唯食肉饮水，壮气弥厉"。这位身先士卒的君主，以自己英勇无畏的精神鼓舞着将士，最终他在这场战争中也获得胜利，俘虏士卒 10 万之众，得牲畜 10 万余头。之后屡屡获胜的高洋，又连续发动战争，包括以突袭的方式大败突厥军队和北上战胜山胡部族，斩首敌人万余众。

高洋通过多次征战，巩固了自己的政权，使北齐的国力达到顶峰。高洋不只是一个马背上的皇帝，在治理国家上也颇具智慧。在他的治理下，北齐的农业、盐业、铁业、瓷器制造业都非常发达，是同一时期中与陈、北周鼎立的三个国家中最为富庶的一个。在农业和赋税方面，北齐有不少改革政策，这些政策都较好地维持了社会的安定和促进了经济的发展。高洋执政前期，的确是一位厉行改革的有作为的皇帝，他对官员的管理非常严格，严禁贪污，减少不必要的官员设置，使官场的风气焕然一新。但在高洋执政的后期，他渐渐变成一个昏庸无道的皇帝，前后两个时期中的高洋简直判若两人。

从天保六年（555 年）开始，随着北齐政权的日渐稳定，高洋却日渐腐化与沉沦，从勤勉治国走向了纵欲和暴虐。他时常会做出一些匪夷所思的荒唐之举，比如他兴建高台时，曾单独爬到最高处，使百姓们看到后都感到吃惊，不知皇帝意欲何为；比如他竟然在街道上裸露自己的身体，而当时正是寒冬季节；比如他涂脂抹粉，穿着女人的衣服在大街上四处游逛；比如他招一批女人进宫，然后就不理朝政，同自己的亲信一起和这些女人放纵情欲，行为极其下流；比如他为了消除政治隐患，将北魏皇族元氏的人口全部杀死，就连婴儿也不放过，并且放纵士兵用长矛挑起那些婴儿，扔向天空取乐。

高洋的这些举止使朝廷上下感到无比惊异，但更可怕的还在后面。高洋有一个爱妃薛嫔，她长得非常美丽，可谓姿色冠绝。一天高洋喝得大醉时，突然就想到薛嫔曾和昭武王高岳有过一段暧昧关系，这时他妒火中烧，立即将薛嫔杀了。之后他将血淋淋的薛嫔人头藏到怀里，继续与参加宴席的人们喝酒。喝过一阵后，他竟将薛嫔的尸体肢解，然后将她的髀骨做成一把琵琶，并且自弹自唱。这地狱式的画面和魔鬼般的作为，顿时令在座的人们都心惊肉跳，汗毛直竖。

高洋的倒行逆施，终于迎来自己的报应。天保十年（559年）十月甲午日（公历11月25日），他因过度饮酒而暴亡，时年34岁，葬于武宁陵，谥为文宣皇帝，庙号威宗。之后北齐王朝传至后主高纬，在北齐隆化元年（576年），北周兵临晋阳城，高纬弃城而逃。守城军民十分愤慨皇帝的逃跑，就推举并州刺史高延宗为皇帝，进而死守晋阳城。但在这次守城战役中，高延宗率领的军民终究寡不敌众，被北周军队攻破了城池。晋阳城破后，城里很多百姓及妇女儿童都爬上屋顶，以砖瓦袭击北周士兵，表现出晋阳人民强烈的保卫家国的英勇气概。北齐从高洋登基时算起，共享国 28 年，是历史上一个短命的王朝，但它在政治、军事、经济、文化和法政等方面对后世影响颇大，在中国历史上留下了浓重的一笔。高洋是一个极为特殊的帝王类型，他建立北齐后，便开始修建《北齐律》和完成《魏书》。《北齐律》极大地影响了之后 1000 多年的东亚刑法，而《魏书》则是二十五史中的名著，备受后代学者称赞。

高洋大力整顿官场，严惩贪官污吏，积极消除官场上人浮于事的现象，从而减轻了人民的负担。在军事行动上，高洋率领的军队军容严整，战斗力强。他亲率大军，连年征战，南征北伐，开疆拓土，获得很多重要战役的胜利，使北齐的国力达到了鼎盛。但高洋的人格有极大的缺陷，这直接导致他在执政后期放纵自己的欲望，屡屡做出荒唐之事，而且整个人变得十分暴虐，常常冷酷无情，甚至残忍无比，就像令人恐惧的魔鬼一般。

创作《北齐书》的李百药既认为高洋"雅好吏事，测始知终，理剧处繁，终日不倦"，"初践大位，留心政术，以法驭下，公道为先"，"每临行阵，亲当矢石，锋刃交接，唯恐前敌之不多，屡犯艰危，常致克捷"，同时也尖锐地指出"其后纵酒肆欲，事极猖狂，昏邪残暴，近世未有"。作为一代开国帝王，高洋完成了自己的霸业，达成耀眼的丰功伟绩，但他的人格污迹也永远地存留在历史的记载里，使后人为他惋惜不已。

晋阳作为北齐别都，见证了高洋一代英主的风姿以及他荒淫无道的恶魔般作为，而且通过北齐历朝帝王的建设，它为历史遗留下诸多或庄严或华美的建筑和器物，使后人在面对这些艺术珍品的遗存时能够瞬时怀想到那个如彗星般掠过的气度恢宏的北方王朝。

由于晋阳为"别都"，北齐的皇帝们都对它感情深厚，所以这些皇帝皆非常重视对它的建设。北齐皇帝们建设的那些宫殿楼阁、宗教庙宇和石窟，有的毁于战乱和天灾，有的则较好地保存下来，在文化、宗教和艺术上，北齐都在历史上占据重要地位，其历史和文化遗存成为后人研究北齐时代以及凭吊、想象先辈功业的珍贵的历史证据。

神武（追谥）皇帝高欢除建大丞相府外，又于东魏武定三年（545年）在西晋刘琨建设的并州城西北部，靠近春秋晋阳古城的东北方向，新建了一座晋阳宫。高欢起建晋阳宫后，晋阳城中就有了南宫和北宫的叫法：董安于所建的春秋晋阳城中的宫殿称为南宫，高欢所建的晋阳宫称为北宫，二宫相距甚近。史籍记载，北齐孝昭帝高演的母亲娄太后（即娄昭君，高欢之妻）身体不适，居住在南宫，而高演也患有疾病，身体虚弱，他从北宫步行500步去南宫探望母亲，鸡鸣时出发，至辰时方回。后主高纬于天统三年（567年）建大明宫于春秋古晋阳城中，晋阳城也因为大明宫而更名为大明城。

大明城中共有7座大殿，分别为大明、崇德、宣德、宣光、建始、嘉福、仁寿。据《北齐书》记载，为庆贺大明殿的建成，朝廷曾大赦天下因犯，文武百官各进二阶，并免太原郡百姓来年之租。大明宫建成时，太上皇高湛亲至察看，怪其不甚宏丽。负责建造大明宫的黄门侍郎冯子琮对曰："至尊幼年，纂承大业，欲令敦行节俭，以示万邦。兼此（指大明宫）北连天阙（晋阳宫，高湛居住的宫殿），不宜过分崇峻。"高湛称善。今古城营村大明城遗址中有"殿台"遗址，据传即为大明殿遗址。

幼主高恒时期所建的晋阳十二院，其壮丽和精美的程度甚至超过了北齐国都的宫殿，可谓奢华至极。

北齐的皇帝们从高欢开始就都崇信佛教，而且一以贯之，其崇佛政策始终没有改变。在建立新王朝后不久，高洋就通过布发掩泥接受了菩萨戒。北齐皇帝被视为转轮王，是当时一种从高层到民众的普遍做法。文宣帝高洋时，命北齐境内的道士全部剃发入沙门，这种极端做法反映了北齐一边倒地倾向佛教的情形。北齐后主天统五年（569年），高纬改并州尚书省为大基圣寺，晋祠为大崇皇寺。佛教在北齐境内始终处于独尊态势，取得了近乎国教的地位。

晋阳城西15千米的天龙山石窟最早开凿于东魏高欢时期，高欢在天龙山上建设了避暑宫和两个石窟，即现在的东峰2号窟、3号窟。其子高洋篡位称帝后，继续在天龙山上开凿石窟。北齐开凿的石窟，窟前建有仿木结构的前廊，廊雕二柱，柱头承普柏枋，枋上有一斗三升斗拱，补间施人字形叉手，有重要的艺术和

△天龙山石窟

宗教研究价值。石窟艺术是一种宗教文化，取材于佛教故事，它融汇中国传统绘画和雕塑的诸多技法和美学法则，反映了佛教思想及其发生、发展的过程。这些石窟艺术珍品，皆雕刻得十分生动，佛像体态丰润，雕刻手法极富表现力，至今基本保存完好。

除开凿石窟外，北齐皇帝还仿照北魏在龙门、云冈的做法，在晋阳西山上建佛寺、凿佛龛、雕石像，著名的开化寺、童子寺、天龙寺、崇福寺都是在这个时期内的建筑。天龙寺即天龙山圣寿寺；崇福寺在晋阳城西南的晋祠东面，现今已毁损无存，只留下"南大寺""北大寺"村名，无声地诉说着当时香火的旺盛。童子寺在晋阳城西南 2.5 千米的龙山之巅，是高洋命高僧宏礼在天保七年（556 年）创建的，寺院规模宏大，建筑精美，其中最大的一尊石佛高达 170 米，佛像庄严凝重，此寺是高洋最喜欢游览的地方。开化寺建在晋阳西北 5 千米之外的蒙山之上，初建于北齐天保二年（551 年），当时寺院分前后两座，建筑和格局极为壮观。后寺依山镌刻有近 70 米高的蒙山大佛像，这尊大佛高度比四川乐山大佛略低，但镌刻时间要比乐山大佛早 162 年。蒙山和龙山两座大佛，一南一北雄峙于晋阳城外西山，气势恢宏，史有"夜则以火照作，寒则以汤为泥，百工困穷，无时休息。凿晋阳西山为大佛像，一夜燃油万盆，光照晋阳宫内"的记载。这些石窟和寺院皆是北齐皇帝诚心礼佛的见证，虽然其中很大一部分随着之后的战乱和灾祸而不复存在，但遗留下的一部分已经成为我国宗教艺术宝库中的璀璨明珠，北齐工匠们鬼斧神工般的艺术造诣以及一种极为独特的民族性和地方性相融合的审美风格令后人叹为观止，无不感到折服。

1979年文物部门在太原南郊王郭村西南发掘出土了北齐东安王娄睿墓，这是一座夫妻合葬墓。娄睿是高欢结发妻子娄昭君的内侄，史载"太后久居晋阳，居人感其惠，故立祠"。今古城营村的九龙庙内就祀有娄昭君，庙中有一眼小井，相传是娄太后给人治病的药井。娄昭君颇为宠爱娄睿，因此娄睿的墓葬规模十分宏伟，虽漫历千余载，至今占地400余平方米。其底部东西长17.5米，南北深21.5米，墓顶呈拱形，高约6米。娄睿墓虽屡遭破坏，但随葬品之多，为已发掘的北齐墓葬中最多的一座。据统计，计有870余件陪葬品，有壁画71幅，约合200多平方米。墓葬中最具文物和艺术价值的是墓室壁画，这是考古界和美术界的一次重大收获。壁画内容分为两大部分：一部分是墓道全部、天井中下栏、甬道和墓室下栏，描绘墓主人生前生活的显赫场面；另一部分是墓门、甬道和天井上栏、墓室顶部和上中栏，描绘墓主人死后飞升的空幻境界。壁画中的人物和景物皆栩栩如生，整体空间营造和构图显得气势磅礴，技艺极其精妙。过去出土的北齐壁画较少，娄睿墓壁画的发现填补了中国美术史上的空白。

2000年在太原王家峰发掘出北齐武平二年（571年）太尉、武安王徐显秀墓，这是目前已知北朝保存最为完整的壁画墓。墓中最重要的收获是出土了300余平方米彩绘壁画，包括墓道两侧的仪仗出行队列、墓室四壁的墓主人家居宴饮、出行备马备车场

△北齐娄睿墓壁画

面，以及天象神兽等内容。墓室的壁画色彩斑斓，笔法精湛，而且保存得非常完好，是研究北朝晚期社会文化和葬俗、葬制的珍贵历史资料，同时对于中国绘画史的研究也有不可替代的价值。徐显秀墓葬中有西方传入之物，壁画内容也受西域文化的明显影响。这些重见天日的宝贵文物，可以为中西方文化交流的研究提供重要的依据和佐证。

北齐在"别都"晋阳所留遗迹甚多，1955年铺设地下管道时，在古城营村西南与花塔村之间发现18件北齐汉白玉石刻佛像，其中有一件高 35 厘米，背刻东魏孝静帝武定三年（545 年）年号的佛像，这些文物均为高欢居晋阳时的物品。1997 年，古城营一队于大明城遗址之西打井，在约 2 米深处，发现一尊裂为 11 块的北齐汉白玉石佛，总高 136 厘米，手上有镀金，衣纹线条极为清晰。这些文物的发现，充分证明在古城营村的地下埋藏着一座巨大的尚不为人所知的东魏和北齐时代的文化宝库，这实在是中国文化之幸，也是晋阳、古城营村之幸。

自从高欢与西魏大战，最终兵败玉璧，病逝于晋阳，到高洋在邺城即位，创立北齐，后几任的皇帝都喜欢居住于晋阳城，在晋阳宫里处理日常政事，因此当时的晋阳城就成为实际上的都城。北齐王朝虽然短暂，但它在中国文化史、佛教史和艺术史上的一系列作为和成果值得大书特书，它创造的文化和文明的实绩异常灿烂。一个时代留给后代最有价值的遗存就是文化的遗存，如今很大一部分北齐的文物就存在于晋阳地域内，而古城营村作为古晋阳城所在地，也在这夺目的文化遗存中显示出自身所不可复制的历史和文化的双重珍贵价值。

北朝时期虽然战乱不断，人民基本上过不上长期的安定生活，但文化艺术得到极大的发展和升华，为后世文化的诸多领域都奠定了基础并且树立了标杆。晋阳宝贵的文化遗存和出土文物成为如今研究北朝文化的重要资源，尤其在佛像石窟雕像和墓葬壁画研究领域。晋阳为我们留下了庄严而精美的文化遗产，足可万世流芳。人们通过这些瑰宝般的文物可以充分想象或尽最大可能还原那个北朝时期的传奇古城。

（贾墨冰）

△带"晋阳宫"字样的残碑拓片

第七章│大唐龙兴
盛世辉煌的起点

　　纵观中华文明演进的历史，由李唐王朝所开创的"贞观之治"和"开元盛世"，可以说是先秦以来最为辉煌的历史时期，甚至可以说是中国文化的巅峰时期。然而对黄河中游的晋阳大地来说，还有一个毫不夸张的说法，即"先有晋阳，后有汉唐"。因此史家在叙述了"刘恒治代"与"文景之治"之后，必然要用更多的笔墨把李渊父子"晋阳起兵"与"贞观之治"以及大唐盛世的来龙去脉详细地叙述清楚。

　　北周灭北齐后，太原郡治龙山（晋阳），而并州宫被北周拆毁，其材料和杂物都分给周边的贫民。北周宣帝每日沉迷于酒色，同时拥有 5 位皇后，官员无能而且腐败。杨坚仗着自己的长女杨丽华是宣帝的皇后，逐渐控制了朝政，将北周重臣外遣，牢牢地执掌了军政大权，一时权倾朝野。公元 581 年，北周静帝禅让于丞相杨坚，北周宣告覆亡。隋文帝杨坚定国号为"隋"，定都大兴城（今陕西省西安市）。

当时虽然杨坚建立了隋朝，但天下并未统一，因此他便谋划消灭南朝陈。他听取高颎的建议，干扰陈的农业生产，使陈不再具有充足的军粮储备，这一策略使陈元气大伤。杨坚于开皇七年（587 年）十月废除西梁，次年全面发动灭陈战争。他命晋王杨广为行军元帅，秦王杨俊、河清公杨素为副帅，高颎为参谋，王韶为司马，兵分 8 路进攻南朝陈，经过几次战役，终于攻入建康，俘虏了陈后主。开皇十年（590 年）九月，隋派使臣韦洸等人安抚岭南，冼夫人率众迎接隋使，岭南诸州悉为隋地，隋朝完成了全国统一。

隋文帝结束了自西晋末年以来中国长达近 300 年的分裂局面，使百姓终于过上和平的日子，从而专心生产，安居乐业。开皇十年（590 年），朝廷废北齐龙山县名，复用晋阳县旧称，在汾水之东另置太原县。当时，北方的突厥族势力对隋朝虎视眈眈，严重威胁着王朝的安全，于是晋阳就成为抵御突厥族南下的重要军事屏障。杨坚先后令晋王杨广、秦王杨俊、汉王杨谅三个儿子驻节晋阳。杨坚视晋阳为"北门锁钥"，因为"突厥方强，太原即为重镇"。

因此，隋炀帝执政时，对晋阳城几经修建，使其成为名副其实的北方大都市。开皇九年（589年），他扩建晋阳宫，在宫外筑起高13米、周长3.5千米的宫城墙，称为新城。开皇十六年（596年），又在新城西面修筑了高13米、周4千米的仓城，仓城的东城墙与新城的西城墙连在一起，呈现出"城里有城，城外有城"的格局。仓城又名太原仓，是隋唐时期国家大型粮仓之一，为京师长安的粮草储备基地。隋朝于仁寿二年（602年）在晋阳城中修建了惠明寺及塔，这座佛寺规模宏大，建筑高大而精美。隋朝在晋阳城西的天龙山凿石窟一个，即今东峰第8窟。这座石窟是天龙山石窟群中比较大的一座，从雕像风格上可以清晰地看到从北齐到唐代之间的过渡性审美特征，进而保存了珍稀的关于隋朝的历史记忆。

杨坚吸取北周政权崩溃的教训，提倡整个社会的节约风气，而且首先从宫廷开始，宫中的妃妾不作美饰，一般士人多用布帛，饰带只用铜铁骨角，不用金玉。在经济政策上，杨坚积极消减那些不必要的开支，减免税赋。这些有利于民生的政策终于可以使百姓休养生息，过上相对安乐的生活。在任用官员上，杨坚奉行"唯才是举"的原则，通过考试以取士，这样就把官场大门向一般地主阶级知识分子和社会上的能人贤士打开，为朝廷提供了源源不断的人才，这是中国历史上人才取用制度的重大变革和进步，这项举措极大地促进了当时教育、文化的发展。杨坚对于贪官污吏绝不姑息，他曾派人巡视河北52州，罢免贪官污吏200余人，裁汰了地方冗员约 3/10。在经济方面，他除了减轻税赋外，还广设仓库，积谷防饥，并且大力建设，在原长安城东南营建新都大兴城，并且开凿广通渠，自大兴引渭水至潼关，以利关东漕运。杨坚在晋阳设 5 炉铸钱，每岁可铸 3300 贯，在他的治理下，出现了"古今称国之富者，莫如隋"的社会局面。但没有料到如此繁华的王朝盛景却似昙花一现，随后便全部葬送在宫廷阴谋和政治动乱之中。

隋朝的第二代皇帝为隋炀帝杨广，本名杨英。他假传杨坚遗嘱，逼迫亲兄杨勇自尽，消灭了自己的心腹大患。之后，他对其他兄弟也不放心，曾经诬陷亲弟蜀王杨秀使用巫蛊诅咒隋文帝及幼弟汉王杨谅，从而将杨秀剥夺官爵，贬为庶民。杨坚弟汉王杨谅以讨杨素为名，在并州起兵，杨广派杨素镇压，杨谅降后被幽禁至死。大业三年（607 年），杨广诛杀侄儿长宁王杨俨，又把剩余的侄儿（杨勇诸子）安城王杨筠、安平王杨嶷、襄城王杨恪、高阳王杨该、建安王杨韶、颍川王杨煚、杨孝宝、杨孝范贬到岭南，在路途中将他们全部处死，手段极为残忍。

在生活上，杨广穷奢极欲，将父辈积累的财富在短时间内挥霍殆尽。他即位时，隋朝的国力依然强盛，于是他就大力营建东京洛阳，期间历时 10 个月，每月使用 200 万人。他下令开凿沟通中国南北的隋唐大运河，造龙舟、楼船等各种船数万艘，分别用于数次去江都（今江苏省扬州市）。他登基后去江都时，乘坐的龙舟高 13 米至 16 米，长近 70 米，上重有正殿、内殿、东西朝堂，中间两重有房 120 间，都用金玉装饰，下重为内侍居处，豪奢至极。但在政治和经济上，他的作为并非一无是处。他开通大运河便积极带动了中原与南北各地区经济社会文化交流与商贸发展，带动了沿岸城市的经济，兴起了许多工商业城市，促进各个地区的文化发展与民族融合，使中华文明加速成为有机的整体东方文明，推动了当时社会的发展。问题是杨广急功近利，他是在条件不成熟的时候强行进行大规模建设，这必然会给正常的社会秩序带来严重的破坏，而且由于他的政策耗费大量人力和物力，

从而给百姓们带来沉重的负担，令人们叫苦连天，怨声载道。

　　在军事上，杨广对隋朝四周展开征讨，扩大了隋朝版图。大业八年（612 年），隋军出动 113 万士兵，200 多万民夫，却败于辽东城（今辽宁省辽阳市）。次年再发兵围攻辽东城，这时在黎阳仓督运军粮的杨玄感看到"百姓苦役，天下思乱"，便乘机起兵反隋，于是杨广被迫从辽东撤军。杨玄感败亡后，杨广下令追究，杀了 3 万余人，并且籍没这些人的家人与财产。大业十年（614 年），杨广第三次发兵进攻高句丽，最终议和收兵。杨广

发动的这些战争劳民耗财，天怨人怒，引发了很多社会危机。

杨广改革官制与租调制度，并开始设进士科，最终形成科举制，这些举措都是创新和改革之举，对于古代中国的社会进步有极大的贡献，但同时隋朝的"官吏贪残，因缘侵渔"，又使正常的生产力遭到了破坏。随着杨广滥用兵力和过度的工程建设，他的倒行逆施最终使得天下大乱，烽烟四起。

大业七年（611年），山东、河南大水成灾，淹没40余郡，王薄率众于长白山（今山东省邹平县）发动叛变，抵制隋炀帝三征高句丽，唱出著名的《无向辽东浪死歌》。大业九年（613年），刘元进据吴郡，自称天子，而向海明也在扶风称帝，但他们都没坚持多久，同年就被剿灭。直到杨素的儿子杨玄感于黎阳（今河南省浚县）举兵起义，达官子弟踊跃参加，带动全国各地纷纷发动叛变，隋朝统治集团才开始真正分裂，濒临崩溃。大业十四年（618年）三月，杨广在一场兵变中被叛军宇文化及的部属裴虔通、元礼、马文举等逮获，杨广欲饮毒酒自尽，叛军不许，遂命令狐行达将其缢弑，时年50岁，一代暴君死于非命。

开创唐朝盛世的李世民曾评价杨广："隋炀帝纂祚之初，天下强盛，弃德穷兵，以取颠覆。"这既是李世民对杨广的失败命运、隋朝的灭亡教训的总结，也是他开创大唐功业的前车之鉴。

伴着金戈铁马的雄壮军姿，晋阳成为颠覆整个隋朝的萌芽之地或者说最为核心的策源地，这个策源地的核心人物，就是李渊和他的儿子——"太原公子"李世民。以晋阳为中心，彻底改变了隋末的政治和军事版图。

唐高祖李渊，字叔德，北周天和元年（566年），出生在长安。他是十六国时期西凉开国君主李暠的后裔，世代显贵。他父亲李昞为北周御史大夫、安州总管、柱国大将军，袭封唐国公，他母亲是隋文帝皇后独孤伽罗的姐姐。

李渊7岁时，其父去世，袭封为唐国公。李渊为人非常洒脱，开朗爽直，待人宽厚，因此受到各阶层人们的喜爱和尊重。大业九年（613年），李渊奉隋炀帝之命镇守弘化郡（今甘肃省庆阳县），兼知关右诸军事。在任职期间，他与天下豪杰交往频繁，此举遭到隋炀帝杨广的猜疑。后来，杨广下诏命李渊去自己巡行所到之地，李渊因为患病，没有去，当时李渊外甥女王氏在后宫，杨广就问王氏："你舅舅怎么迟迟不来啊？"王氏回答说李渊病了，杨广又问："病得要死了吗？"杨广的这段问话传到了李渊那里，李渊听后十分恐惧，于是便整日饮酒，常常大醉，并且收受贿赂，他想以此来证明自己只是一个胸无大志、沉溺于享乐的堕落官僚而已，从而使杨广对自己放心。

大业十一年（615年），李渊调任山西河东慰抚大使，在到达龙门时，他遇上母端儿农民起义，于是李渊便领兵大败起义军。这一战使李渊收获颇丰，收编起义军万余人。后来，李渊又击败绛州贼柴保昌，收编了数万人，实力大增。当时，突厥时常侵犯边塞，隋炀帝便让李渊和马邑郡守王仁恭一同北击突厥。李渊运

△李渊、李世民晋阳起兵伐隋

用计谋，设下埋伏，击败了来犯的突厥军队。在这些战役中，李渊锻炼了自己的军队，在瞬息万变的战场上显示出自己杰出的军事领导才能，为日后他的军事崛起打了下基础。

隋炀帝大业十三年（617年），李渊正式任太原留守、晋阳宫监，成为此区域内的最高军政长官。接下来，李渊奉命率兵征讨历山飞贼甄翟儿，与甄翟儿遭遇在河西郡（今山西省汾阳市）的雀鼠谷，结果李渊大获全胜，名震四方。李渊在镇压农民起义的过程中，不只是为了击败对方或进行灭绝性的屠杀，而是为了扩充自己的实力，持续地招降纳叛，网罗人才，从而用以壮大自身的军事实力。

李渊的儿子李世民素有大志，他比自己的父亲更为激进，期望更快地举起义旗，颠覆隋朝。那时的晋阳令刘文静、晋阳宫监裴寂都是李世民的密友，李世民就和刘文静密谋起兵。造反的计划拟定后，李世民并没有立即告诉李渊，因为他担心李渊顾忌太多，不会同意尽快起兵的计划。果然，之后当裴寂把李世民的起兵计划告诉李渊时，李渊开始并不同意，认为这个计划太过冒险，时机并不成熟，但他经过几番深思后，最终还是同意了起兵的计划。大业十三年（617年）二月，李渊治下的鹰扬校尉刘武周发动兵变，杀死马邑太守王仁恭，割据马邑而自称天子，而且还与突厥勾结，企图南下，夺取隋朝的天下。李世民闻听此消息后，认为形势危急，天下各处都有起义军出现，如果不把握时机，就会把夺取隋朝江山的机会让给旁人——他认为，现在已到了箭在弦上的时刻，只待起兵之日到来，就可在乱局中打下江山，开创伟业。这时，李渊的心腹裴寂、许世绪、武士彟等也都劝李渊尽快起兵，因此一向行事谨慎的李渊终于下定了反隋的决心。紧接着，李渊借口防备刘武周和突厥南下，派李世民、刘文静、长孙顺德、刘弘基等人到各地募兵，这次募兵非常及时，在很短的时间里就募到数千士兵。在李渊招兵买马的时候，太原副留守王威和高君雅看出李渊的谋反之心，他们企图除掉李氏父子，从而向隋炀帝邀功请赏，但李氏父子先发制人，粉碎掉了他们的阴谋，将二人予以斩首。大业十三年（617年）七月，李渊率军3万誓师，以"废昏立明，拥立代王，匡复隋室"的名义正式起兵，浩浩荡荡地向关中进发。

李渊的军队一路势如破竹，攻克霍邑（今山西省霍州市），渡过黄河，向西南方向进军。在向霍邑进攻时，李渊的军队被多日不止的淫雨所困。这时，有一位白衣老者自称是附近霍山神的使者，帮助李渊从困境中解脱出来。霍山神就是土地神，乃道教之神，这件事成为唐朝与道教结缘的第一个连接点，也是未来李氏家族对道教极为推崇的源起所在。当时，隋炀帝远在江都，关内隋军的力量非常薄弱，因此李氏父子的部队没有遇到强硬的抵抗，进军相当顺利，目标直指长安。大业十三年（617年）十一月九日，李氏父子攻入长安。十一月十三日，李渊宣布遥尊隋炀帝为太上皇，拥立其孙代王杨侑为帝，改元义宁，是为隋恭帝。恭帝进封李渊为唐王、大丞相、尚书令，以李建成为唐王世子；

李世民为京兆尹，改封秦国公；封李元吉为齐国公。自此，李渊父子便完全控制了关中局势，为李渊在未来迈向帝位铺平了政治道路。

面对天下大乱的局势，在江都的隋炀帝却整日沉湎于酒色当中，不顾江山安危，完全失去了对政治的兴趣，不理朝政，只是听信奸臣的谗言。后来他死于一场兵变，隋朝灭亡。李渊得知隋炀帝的死讯后，就向隋恭帝施加压力，在义宁二年（618年）五月，隋恭帝被迫禅位于李渊，李渊即皇帝位于长安，国号唐，建元武德，定都长安，是为唐高祖。

李渊以李世民为尚书令。不久，他又立李建成为皇太子，封李世民为秦王，李元吉为齐王。唐王朝宣告成立，但当时天下仍然群雄并起，各地有很多军事割据势力，而唐朝在建立之初，疆土只限于关中和河东一带，并未完成国家统一大业，其政治前景并不明朗。因此李渊便派遣儿子李世民、李建成、李元吉出征，逐步消灭各地军事势力，由此群雄争夺天下的局势变得越来越激烈，就看哪一方势力可以笑到最后，从而平定群雄，一统天下。

武德元年（618年），李世民攻打据守在今甘肃省兰州市等地的薛举、薛仁果父子，九月薛举战死，十一月俘杀薛仁果，平定了西北广大地区。武德二年（619年），唐朝军队俘杀李轨，平定了河西走廊。接着李世民进军河东，收复太原并消灭了刘武周势力。刘武周、宋金刚逃往突厥，不久被杀。当时黄河流域形成夏政权窦建德、郑政权王世充与唐朝的三足鼎立之势。王世充原是隋炀帝任命的洛阳守将，隋炀帝死后他就宣布独立建国，国号为"郑"。窦建德则几乎控制了河北的全部地区，而且他还消灭了杀掉隋炀帝的宇文化及的军队，实力雄厚。

李世民率兵在洛邑攻打王世充，王世充率精兵3万应战。李世民运筹帷幄，派行军总管史万宝从宜阳往南占据龙门，刘德威从太行往东包围河内，王君廓从洛口斩断敌军运粮通道，又派黄君汉连夜从孝水河中下舟船偷袭回洛城。从此在黄河以南，李世民的军队就一路连获胜利，敌军不是被消灭，就是前来投降。武德四年（621年）二月，在获得几次战役的胜利后，李世民率军进驻青城宫，营垒尚未建立，王世充的军队2万人就予以应战。李世民命屈突通率步兵渡水攻击王世充，他告诉屈突通："双方开始交战，你就放烟雾，我会率领骑兵南下。"当双方军队刚开始交战，烟雾一出，李世民便命令骑兵冲锋，而他身先士卒，冲锋在前，和屈突通里外呼应，取得了战役的胜利。王世充自知无法战胜唐军，就不敢应战，只是守住城池，向窦建德求援。之后，窦建德率兵10余万渡过黄河，在虎牢关附近与唐军交战，窦建德虽有10余万大军，却全是一群由农民组成的乌合之众，他们无法与训练有素的唐军抗衡，而且李世民的军事才华也远远高于窦建德，因此窦建德的军队在唐军的猛烈攻击下，迅速土崩瓦解，窦建德被李世民俘虏。不久，王世充也被李世民俘虏，从此唐朝最危险的两大军事势力皆被李世民率领的军队消灭。武德七年（624年），高开道为其部下张金树所杀，张金树降唐，接

△唐碑

着唐军又消灭了江南的辅公祏势力，终于一统天下，牢固地控制住了全国的政治和军事局势。

李氏父子在晋阳起兵后，唐军迅速崛起，经过历次艰苦战役，开创了唐朝并且统一了全国。在唐军崛起中，李世民的表现最为耀眼，随着他取得累累战功，威信高涨，也使李氏兄弟之间出现了不可调和的政治矛盾，最终李世民在宫城北门玄武门杀死了太子李建成和弟弟李元吉，用一场血腥的杀戮巩固了自己的政治地位，夺取了唐朝的实权。

"玄武门之变"后不久，李世民就登上皇帝宝座，为唐太宗。李世民青年时期就在晋阳度过，时人称呼他为"太原公子"，可见他从那时起就将自己的命运与晋阳连在了一起。李世民能登上皇位，最重要的因素就是靠他的显赫战功，而这些战功的取得皆来源于大业十三年（617年）七月李氏父子在晋阳的起兵，因此晋阳城对于李世民来说是"王业所基、国之根本"，也是皇皇大唐的源头所在。后来，唐太宗曾率群臣谒晋祠，他怀着对晋阳极深的感情写下《晋祠之铭并序》，文中深情地追述自己从晋阳开始的平定天下、开创伟业的辉煌之路。毫无疑问，晋阳的一方水土已成为李世民心中的永恒宝地，而晋阳也因为李氏父子的起兵并且夺取天下而成为名震天下的"龙兴之地"。

传说中李世民出生时，有两条龙在他家门外游戏，三天以后才飞腾而去。该异象被认为李世民将来必成就一番大业，而在以后的历史中李世民的确成为一位具有杰出才能的政治家、战略家和军事家，而且还是一位情感丰富的诗人。这样一个心怀政治抱负的人即位后，自然迅速开始施展自己的治国才能，通过他的悉心治理和大臣们的努力，他们共同开创出"贞观之治"。

李世民从隋朝的灭亡中吸取了教训，他关心百姓疾苦，也严厉治理官场。贞观二年（628 年），他派遣使臣巡视关内各地，拿出钱财珍宝帮助饥民赎回卖掉的孩子；当年因旱蝗灾害，李世民自陈己过，施行大赦。贞观三年（629 年），李世民开始在太极殿听政，当年因为干旱，他派遣长孙无忌、房玄龄等人在名山大川求雨，中书舍人杜正伦等人往关内各州安抚慰问。这些政治举措都表明李世民是一个重视百姓生活的皇帝，因此在这一时期百姓们的生活十分安定。在用人上，李世民知人善用，能够谦虚地听取大臣们的建议和意见，并且重用那些诤臣，从而很快就使官场的风气变得廉洁和高效。

李世民在位期间使隋制趋于完善，如中央朝廷方面延续了三省六部制，特设政事堂，以利合议问政，并收三省互相牵制之效；地方上沿袭了隋代的郡县两级制，分全国为十个监区（道）。此外，行府兵制，寓兵于农；均田制、租庸调制、科举制等皆有所发展。在军事上，李世民多次对外用兵，先后平定突厥、薛延陀、回纥、高昌、焉耆、龟兹、吐谷浑等，于是唐朝的军威大振，周边的少数民族无不服从与归附。当时具有杰出治国才干的李世民被四方诸国尊为"天可汗"，成为各族的共主和最高领袖。在李世民执政的贞观年间，出现了一个社会安定和经济快速发展的政治局面，史称"贞观之治"，它为唐朝的兴盛奠定了深厚的政治和经济基础。《旧唐书》称赞李世民为"迹其听断不惑，从善如流，千载可称，一人而已！""诗圣"杜甫在诗中缅怀建立丰功伟绩的李世民，他写道："煌煌太宗业，树立甚宏达。"后世的明朝开国皇帝朱元璋说起李世民，不吝赞美之词，他这样评价李世民："惟唐太宗皇帝，英姿盖世，武定四方，贞观之治，式昭文德……皆有君天下之德而安万世之功者也。"历代这些对李世民的评价不仅是赞颂李世民本人的，也是一种对于那个已经逝去的大唐盛世的缅怀。

"贞观之治"后，唐朝经历了"武周代唐"时期。武则天是中国历史上唯一一位女皇帝，她在位时大力提拔科举出身的官员，使社会文化艺术也有了长足的进步。神龙元年（705年），敬珲和宰相张柬之等发动神龙政变，逼迫武则天退位，李显复位，恢复了大唐国号，社稷、宗庙等恢复永淳（唐高宗李治的年号）以前旧制。之后，李隆基即位，是为唐玄宗，这位既有政治才干，同时又潇洒倜傥的皇帝开创了繁华灿烂的"开元盛世"。

李隆基具有政治勇气，在治国上充满了智慧并且行事果断。他提拔了姚崇、宋璟、张嘉贞、张说、李元纮、韩休、张九龄等贤臣为相，这就一举整顿了腐败的官场，而且依靠这批大臣极力发展经济，改善民生。他在经济上倡导节俭，在军事上改府兵制为募兵制，并兴复马政，对外收复了辽西营州及唐睿宗时期赐给吐蕃的河西九曲之地，并再次降服契丹、奚、室韦、靺鞨等政权。他设置四监管理官府手工业，民间手工业发展迅速，而因为他的治理，金融机构柜房出现，互市与海外贸易非常发达。在文化上，开元年间大力整理国家图书馆的藏书，《新唐书》载："藏书之盛，莫盛于开元，其著录者，五万三千九百一十五卷，而唐之学者自为之书，又二万八千四百六十九卷。呜呼，可谓盛矣！""诗圣"杜甫、"诗仙"李白都主要生活在这个时代，这两位诗坛巨星使开元年间的中国古典文学达到一个空前的高峰。当时，唐朝在李隆基的治理下，国力极为强盛，逐渐步入盛世，史称"开元盛世"。

随后，危机相继出现，在强盛的国力背后，土地兼并激烈，大量农民逃亡，而在军事上，由于节度使统辖的军事力量过于强大，皇权对其控制越来越薄弱。内地的军备则逐渐荒废、衰败，这就造成日后的"安史之乱"，使唐朝的元气大伤，"开元盛世"整体崩塌，国力不可遏制地走向衰弱。在以后的历史中，唐宪宗总结历史经验教训，发挥自身治国才华，多有政绩，但这短暂的"元和中兴"时期并不能彻底挽救唐朝逐渐走向衰亡的命运，曾经辉煌至极的大唐王朝已是日薄西山，再加上各地农民起义的不断爆发，从而致使唐朝加速衰败下去。天祐四年（907 年），朱温逼唐哀帝李柷禅位，这个极盛时东起日本海、南据安南、西抵咸海、北逾贝加尔湖的大一统王朝终于宣告灭亡。

在唐朝，日本、南诏、新罗、渤海国等藩属国都来中国学习

先进的文化与制度。唐朝雍容大气，经济高度繁荣，对外极为开放，政治上也较为宽容。在艺术上，唐朝涌现出大量名家，如"诗仙"李白、"诗圣"杜甫、"诗魔"白居易，"诗佛"王维、书法家颜真卿，"画圣"吴道子，音乐家李龟年等。因为唐朝的强盛，唐以后海外多称中国人为"唐人"。

唐朝时期的晋阳城，是太原历史上的鼎盛时期，也是城市建筑史上的黄金时代。它不仅是李氏父子起兵的福地，而且也是北方的政治和军事重镇，战略地位十分重要。武德元年（618年），高祖李渊在晋阳设并州总管府，下辖晋阳、太原、榆次等9县。武德七年（624年），设并州大都督府。李世民即位后，命名列凌烟阁二十四位开国功臣之一的李勣（即徐茂公）为并州长史。李勣在治理并州期间，发挥自己的治理才华，使并州百姓得以在一个清廉高效的社会环境下生活和劳动，所以百姓们都对他怀有感激之情。李勣在镇守晋阳时，于贞观十一年（637年）展筑汾水之东的原北齐晋阳东城，使其成为一座和西城规模相当的大城。

武则天执政时期，因晋阳本是她的故乡（并州文水县），所以她极为重视晋阳的建设。天授元年（690年），她命并州长史崔神庆在晋阳东、西二城跨汾连堞（在今太原市晋源区东关村一带），建筑中城，将东、西二城连为一体。长寿元年（692年），她降诏以晋阳为北都，其地位与东都洛阳和西都长安相仿。这一诏令，无疑将晋阳城的政治地位提升到一个极高的层面，至此晋阳城就以规模庞大的城建、安定的治理环境和重要的政治位置成为当时唐朝的都城之一和北方赫赫有名的大都市。

唐朝诗人李白曾赞誉晋阳："天王三京，北都居一。其风俗远，盖陶唐氏之人欤？襟四塞之要冲，控五原之都邑。雄藩剧镇，非贤莫居！"从诗中可以看出在当时唐人的心目中，晋阳具有何等重要的政治、军事和文化地位！而他也曾来晋阳游历，写出过描绘晋阳秋天风景的诗歌《太原早秋》，诗中写道："岁落众芳歇，时当大火流。霜威出塞早，云色渡河秋。"在这位盛唐诗仙眼中，晋阳之地秋天到来的时间先于他地，秋霜已结。这似乎是一个神秘的预言，预示着盛唐的光辉在到达顶峰后正逐渐下落与衰朽。

"诗圣"杜甫曾作《戏题王宰画山水图歌》，诗中写道："焉得并州快剪刀，剪取吴淞半江水。"他形容并州剪刀之快，可以快到将吴淞江的江水剪下一半。由此可见晋阳一带出产的并州剪刀在唐代十分出名，它的锋利甚至激发了大诗人的灵感，从而传为美谈。

在唐朝，晋阳城以北方大都的气度和风采使四面八方的游人为它折服。唐显庆五年（660 年），武则天陪同唐高宗来到太原，游览了并州各处的风景名胜，他们还一同登上龙山，参观了童子寺，舍赐珍宝、财物、衣服无数。《法苑珠林》记载了那一天的景象："从旦至暮，放无色光，流照崖岩，洞烛山川。又入南龛小佛赫奕堂殿，道俗瞻睹，数千万众……"唐朝也步东魏、北齐、隋朝之后尘，在晋阳城天龙山上凿石窟 14 个，其中西峰 18 号窟的石雕，突破了传统规格的束缚，神态逼真，达到极高的艺术水准，是唐代石刻写实风格的代表作。晋阳城中精美大气的建筑和附近的山川胜地向当时的人们展示出了北方都城所独具的辉煌景观。

唐朝的国号为"唐"，曾是晋的古地名。唐高祖李渊的祖父李虎为西魏八柱国之一，被追封为"唐国公"，其后爵位传至李渊。从历史上来看，唐朝定国号为"唐"，与晋阳这块土地有着直接关系，这也使晋阳成为大唐盛世的最初源头。随着时光流逝，唐代北都的大部分建筑都在朝代更迭和战乱天灾中烟消云散，但仍有一部分石窟、建筑和地下文物呈现出当年北都的恢宏气象。唐代北都晋阳的一些遗迹、遗名，至今依然存有不少。古城营村的"西坡上"是北都西城西城垣，南城角村二郎庙修筑在北都西城西城角，罗城村老爷阁旧址是北都西城西北角，北瓦窑村南的"城墙地"是北都东城南城墙，北河下村的"南瓜桥"当是北都东城"南关桥"的讹名。

从古城营村周围的"罗城""城北""南城角""东城角""晋

阳堡"等村庄名可看出或梳理出唐朝北都晋阳的大概方位和地理规模。凭借这些饱经沧桑的地名和遗迹，今人仍可遥想当年大唐北都的绝世风采，那历史风云的流转与变幻不禁令人们感慨万千。

（贾墨冰）

△唐高宗李渊画像

第八章 | 五胡乱华
劫难中培育的古城气质

　　五代十国是中国历史上一段大分裂、大动乱的时期，此期间出现了众多的割据政权和军事势力。对于晋阳而言，它本应当是"天人合一"的风水宝地和百姓生存发展的福地，但由于它特殊的地理位置和统治集团对它的政治经营，使晋阳城附近的很多自然屏障和坚固关隘具有了很高的战略和军事价值，因此必然成为兵家必争之地。五代中的后唐、后晋、后汉和十国中的北汉政权陆续在晋阳这片土地上演绎出无数令人惊叹和惋惜的传奇故事。

　　在晋阳城上演的精彩纷呈的故事中，李克用父子的历史传奇剧可谓惊心动魄，他们父子的英雄故事和恩怨纠葛即使已过去了

1000多年，但如今依然能够使人为之热血沸腾，也为之唏嘘不已。

李克用是唐末至五代初年军阀，他是突厥族沙陀部贵族。他字翼圣，本姓朱邪（又作朱耶），被唐朝皇帝赐姓李氏，是神武川新城人。李克用别号"李鸦儿"，因此他的军队主力被称为"鸦儿军"，而他因一目失明，又号"独眼龙"。

李克用的父亲叫朱邪赤心（赐名李国昌），他早年随父出征，常冲锋陷阵，军中称他为"飞虎子"。史书载，李克用出生时有异象："虹光烛室，白气充庭，井水暴溢。"这些带有神话色彩或超自然性质的传说使他从小就被父辈寄予厚望，而且自带一种神秘的气质。他在13岁时，曾一箭射中两只飞翔的野鸭，在场的人无不佩服他的武艺，从此他骁勇善战的名声就传播开来。

在平定黄巢起义的战争中，沙陀部屡立战功，李克用在父亲李国昌的带领下，渐渐成长为一个有勇有谋的军事统帅。中和元年（881年），黄巢攻陷唐都长安城，北起军使陈景思请唐僖宗下诏书从鞑靼召回李克用，任命其为代州刺史、雁门以北行营节度使。而之所以起用李克用是因为只有他才能驾驭沙陀军，可见当时李克用已成为唯一一位能带领沙陀军的军事领袖。中和三年（883）正月，李克用出兵河中，屯兵乾坑。黄巢军惊恐地说："鸦儿军到了。"二月，李克用部相继在石堤谷和良田坡击败黄巢军队，一时威名大震，使敌军闻风丧胆。后李克用与各路勤王军队联合在渭桥与黄巢军决战，最终大败敌军，长安予以收复。在此战役中，李克用战功卓著，被唐僖宗任命为检校司空、同中书门下平章事、河东节度使，后又封为"陇西郡王"，政治前途步步走高。只是在唐末乱世里，李克用深知自己应当如履薄冰，每时每刻都不可大意，否则在云谲波诡的局势中随时都会死于非命或者使自己的军事力量崩溃殆尽。之后，李克用又被晋封为"晋王"，带领重兵雄踞晋阳城，成为当时北方一支极其重要的军事力量。

在唐末，国势已非常衰弱，各地的番镇便乘机迅速做大和崛起，其中李克用、朱温、李茂贞是最强大的三股军事势力，他们深刻地影响了唐末和五代前期的中国历史进程。这三股军事势力中，李克用一方更是突出，他的子孙和部属接连成为五代后唐、后晋、后汉和后周的君主。在李克用的一生里，朱温是他最大和最危险的敌人，他终生都在和这个敌人进行生死搏杀。

李克用手下有众多猛将，其中尤以他的 13 个儿子最为骁勇善战，被称为"十三太保"。李存孝为第十三太保，李克用的义子，因为他力气奇大，善于骑射，作战勇猛，在战场上从未遇到过能与他相抗衡的对手，所以被人们誉为"将不过李、王不过项"，竟拿他和项羽并列，足见其威猛程度。李存孝不仅勇猛非常，而且还善于练兵和带兵，他手下有 500 飞虎兵，个个都武艺高强，而且不畏牺牲，忠于统帅。他们多次在战场上与李存孝并肩作战，攻城拔寨，取得了一次又一次胜利，从而天下闻名，成为一支铁与血锻造的最强军队。李存孝在父亲麾下南征北战，屡立战功，他的部队在平定黄巢起义和收复潞州、讨伐幽州的战役中都起到关键作用，但这样一位战功卓著的勇猛将军，其人生结局却令人感到极为惋惜。

景福元年（892年）正月，王镕、李匡威合兵10余万攻打尧山，李克用任命李存信为蕃汉马步都指挥使，协同李存孝一同攻打王镕。之后在协同作战中出现了最糟糕的一个局面，即两方领军人物互不信任，甚至彼此嫉恨，此为兵家之大忌，而这直接造成双方兵马互相观望，就是不向前推进。鉴于此，李克用只得改派李嗣勋的部队，最终获得了胜利。事后李存信向李克用进谗言，他说："存孝有二心，常避赵不击。"闻听此事的李存孝心里感到非常惶恐和不安，在六神无主的情况下，他犯了糊涂，居然暗中联结梁（朱温）和赵，并且要会同其他军队一起讨伐李克用。这等于是赤裸裸地背叛了他的父亲李克用，而且他是与朱温联结，朱温是李克用最痛恨的敌人，他的种种作为无异于向自己父亲的心脏插进了一把尖刀。

景福二年（893年）七月，李克用出兵讨伐李存孝。九月，李存孝夜犯李存信营，俘虏奉诚军使孙考老，李存信部队大乱。李克用亲率大军前往，掘沟堑以围城。李存孝派兵出击，斩杀那些挖掘沟堑的士兵，使李克用无法完成筑沟的任务，双方就这样僵持了一段时间。这时河东牙将袁奉韬派人对李存孝道："您畏惧的只是晋王，因此没必要屡次冲击那些挖掘沟堑的士兵，这样的话，晋王建好沟堑后，就会留下一部分部队围城，而他定会离去。到了那时，晋王手下的将领皆不是您的对手，即使筑好沟堑也没什么用处。以您的勇猛，这些沟堑根本困不住您。"李存孝竟然同意了这个最终葬送他生命的建议，于是任由晋军筑沟堑。沟堑筑成后，坚固而高大，使李存孝的部队无法靠近，从而使自己处于一个非常被动的局面，直到城中粮食耗尽。乾宁元年（894年）三月，绝境中的李存孝登上城楼，哭着对城下的李克用道："父亲于我有大恩，我怎么可能背叛您，去投敌呢？造成这一切的都是李存信，因为他诬陷我，所以才使我走上了这条不归路。我现在只希望能活着见到您，和您说句话后，就了结生命，这样我就没有遗憾了！"李克用一世英雄，今朝面对义子的哭诉，瞬间变得十分感伤，于是派刘氏入城慰谕。后来，刘氏带李存孝来到李克用的营中。

李存孝向父亲磕头请罪，说自己并无过失，只是因为李存信才导致他背叛了父亲。李克用听后质问他道："你在写给朱温和王镕的信里，极力毁谤我，难道这也是李存信逼你的吗？"最终，李克用将他押回太原，用车裂之刑处死了他，至此一代猛将落得一个悲惨的下场。李克用也在处死李存孝后，势力渐渐转弱，而朱温的势力却变得强大起来。后梁开平元年（907年）冬，李克用患重病，第二年正月辛卯日，李克用去世，享年53岁，安葬在雁门。

李克用与朱温军事对峙17年，始终用的是唐朝皇帝年号，他去世后，李存勖继位晋王。李存勖自小就缮写《春秋》，并略通大义。李存勖是一个很有政治远见和抱负的领袖，他以晋阳城为军事和政治中心，在连年征战后终于在洛阳即位，定国号为

"唐"，意思是要继承唐朝的精神血脉，是唐朝的正统。后唐是五代十国时期统治疆域最广的朝代，但在乱世当中，它也难逃覆灭的命运，最终被石敬瑭所灭。石敬瑭是个卑鄙无耻的"儿皇帝"，称契丹主耶律德光为"父"，自己为"子"，而事实上石敬瑭比耶律德光小 11 岁，这真乃千古丑闻。936 年石敬瑭以燕云十六州为代价，借辽兵攻入洛阳，建立后晋，从此后唐灭亡。

李克用和"十三太保"的英雄功业以及恩恩怨怨都随着乱世中的彼此征战、侵略、扩张、灭亡而化为史籍上的一段又一段文字记载。李克用父子的传奇故事，就是在晋阳以及周边这块土地上发生的，虽然白云苍狗，时过境迁，但李氏父子曾经的英雄壮志、非凡勇力和悲剧性命运依然长久地留在人们的心目当中并且不断地被后人纪念、惋惜以及引发一声声悲叹。

在五代十国的乱世中出现了一位在晋阳土生土长的开国皇帝，他就是刘知远。

刘知远生于太原府太原县，年轻时厚重寡言，面目特异，雄武过人，勇猛善战，他建立了后汉政权。刘知远此人从小就异于常人，按说人在儿童时都会喜欢嬉戏和玩闹，但他和其他儿童不一样，个性非常稳重，完全不是普通儿童的精神面貌。可能就从这时候起，他已经在心里立下了大志，要成为一个与众不同的人或者成为一个乱世中的英雄人物。在刘知远的青年时期，他只是在李克用的养子李嗣源（即后来的后唐明宗）部下当一个士兵，地位极低，从这个角度看，似乎他的英雄梦很难有实现的一天，

△刘知远与石敬瑭

因为他的起点实在是太低了。但命运垂青于他，给了他千载难逢的一个机会。

当时一代枭雄石敬瑭为李嗣源部将，在一次激烈的战斗中，刘知远不仅奋勇杀敌，而且不顾自身的安危，两次在危难中救护石敬瑭脱离危险。这两次救护改变了刘知远这个普通兵卒的命运，使他获得石敬瑭的高度信任，很快就得到职位的提升，成为一名牙门都校。从此刘知远的升迁之路就像过山车一样，开启了自己在政治和军事上的飞升之路。

之后，刘知远又升任马步军都指挥使。在石敬瑭消灭后唐的一系列军事行动中，刘知远开始显露出他勇猛作战外的另一面，即足智多谋。他为石敬瑭出谋划策，使石敬瑭顺利摧毁了后唐政权，在太原称帝，建立了后晋，而刘知远也步步高升，直至任北京（今山西省太原市）留守、河东节度使等职。

石敬瑭虽然对刘知远有知遇之恩，但刘知远此人非常清醒，他对于石敬瑭为了报答契丹人的帮助而将燕云十六州割让契丹的做法深感不满。石敬瑭的割让使未来的后晋政权受到长久的军事威胁，从此无险可守。从这时起，刘知远就生出了日后要建立自己政权的想法，对于刘知远这样的英雄而言，他是不可能长时间居于人下的——他本就不是池中之物。

石敬瑭死去后，其养子石重贵即位，为后晋出帝，刘知远则迁检校太师，进位中书令。后晋开运元年（944年），契丹主耶律德光率军南下，大军直抵澶州，派番将伟王领兵进入雁门关。

刘知远作为幽州道行营招讨使，在忻口大破伟王。石重贵为笼络刘知远，封他为"太原王"，但他如今拥有重兵，所以并不服从石重贵的军事调遣，只想保存实力，以图未来可以成就霸业。后晋开运四年（947年），契丹又大举进犯中原，攻入开封，后晋宣告灭亡。耶律德光具办汉族的礼制衣服，登上崇元殿接受朝拜，诏令改晋国为大辽国，大赦天下，称年号为会同十年。

此时刘知远审时度势，经过深思熟虑后决定向契丹奉表投降。虽然在表面上刘知远投降了契丹，但他心里只是想着建立一个全新的国家，开创自己的政权。之后随着刘知远实力的逐渐增强，他称帝的政治条件日渐成熟，而且他的威望也达到了高点，河东行军司马张彦威以及各位文官武将都劝他早日登上帝位。刘知远看到时机已到，就在太原称帝，建立了后汉政权，从此成为开国之君。他建立后汉后并没有立刻改国号，而是弃开运年号，延用石敬瑭的年号，称天福十二年，这其实是刘知远为掩饰自己的政治野心而使出的"缓兵之计"，直到次年迁都开封后才改为"乾祐"。

当了皇帝的刘知远，开始减免税赋，大赦天下，并且在军事上举兵南下，很快就获得军事胜利，攻占洛阳和汴京，从而稳定了整个中原的局势。但等待刘知远的并非一个太平世界，在他统治期间，各地的军事割据势力日益强盛，使他难以掌控，而这也成为他最痛苦的政治心结。在辛劳和忧虑中，刘知远的长子刘承训又离开人世，因此他更加心痛，最终染上重病，在向大臣们托孤后便离世而去，时年 54 岁。

刘知远在乱世中建立政权，成为一代开国之君，他与石敬瑭在对待契丹人的态度上有着本质的区别。石敬瑭的作为可以称得上厚颜无耻，刘知远则主要是利用契丹的军事力量来达到自己的政治目标，而并非卑躬屈膝式的投降。在治理国家上，刘知远因为出身于社会底层，所以很能体会百姓的疾苦，在一些政治举措上能够照顾到贫困百姓的利益，从而得到了人民的拥戴。

除了史书对刘知远的记载，他的很多传奇故事还在百姓中广为传播，比如他与李三娘的故事就脍炙人口，并被编为戏曲，是一出名戏。在民间故事中，刘知远从小就家境贫寒，此时晋王李克用正割据太原，权势极大。刘知远为了自己的前途，就投身军旅，成为李嗣源麾下的一名马卒。在军中，刘知远的职位非常卑微，但他心怀大志，时时激励自己要在未来建功立业。在一次牧马中，刘知远意外遇到李三娘，李三娘的美貌和娴雅的气质一瞬间就征服了他的心。之后的日子里他便茶饭不思，只是思念着李三娘，于是就托媒人，向李家提亲。但他当时只是一个普通士兵，家徒四壁，李三娘的父母根本不可能把他们的宝贝闺女许配给他。万般无奈之下，他就只好"夜入其家劫取之"。而以后，随着刘知远的一路高升，李三娘也最终成为被万民敬仰的皇后。从民间对于刘知远和李三娘故事的讲述内容来看，百姓们始终把刘知远当作了自己人，因为刘知远就是从最底层开始奋斗的，这个故事也寄托了百姓们对个人奋斗的尊敬以及对于从底层成长起来的英雄人物的那种亲近感——那种阶级层面上的亲近感。李三娘在故事中十分贤惠,她曾劝刘知远免收老百姓的军饷和拿出私蓄劳军,这些情节反映了老百姓对李三娘的喜爱和李三娘投射出的中国妇女所具有的宝贵的良善与慈悲品质。后汉从建立到灭亡仅三年,历二帝,是五代十国里最短命的政权,但就是这个短命王朝因为刘知远的个人奋斗以及在民间传说中他和李三娘的传奇爱情故事而长久地留在人们心中,使他成为老百姓口中一位亲民爱民的明君。

在古代战争中,马匹是不可缺少的军事物资,而在晋阳大地上,就有"并州好马"的说法。在隋唐和五代十国时期,并州盛产好马,周边很多山中和大面积的草地上,都是牧马的绝佳之地。刘知远最初参军,就是一个牧马的士兵,需要到草木丰盛之地牧马,也正因为他做的这个工作,机缘巧合之下,使他遇见了李三娘。晋阳大地上除了好马,快刀和宝镜也名扬天下,广受赞誉。晋阳一带自古就精于冶炼,以打造锋利的刀具出名。

五代十国期间战乱连续不断,人民很难过上安定的生活。晋阳大地虽然物产丰富,人民吃苦耐劳,但在乱世当中必然经历了许多苦难。那些王朝和皇帝之间的更迭和替换,对于广大的百姓而言,也只是年号的变化而已,等待他们的似乎只是没有尽头的战乱与灾祸。五代十国这段社会大动荡时期过去后,在历史的进程里依然留下一些珍贵的遗迹。如晋阳城西风峪沟太山脚下有后唐名将李存孝墓;蒙山开化寺有刘知远重修蒙山大佛庄严阁的遗址；天龙山有五代时期开凿的石窟。在古城营村民间流传着"村南文昌阁是北汉刘崇所筑勤政阁旧址"这一说法，而村北有地名"刘花园"，相传是刘知远的御花园。这些五代十国时的遗迹使后人在研究这段历史时能够目睹当时的实物，进而对那段中国历史上著名的乱世产生一种具象认识。虽然这些遗迹并不多，但它们至少可以直接反映出那个时代的一些人文特征。

从古至今，老百姓都盼望生活在一个清明世界里，生活能够安定富足，就像孔子毕生所追求的礼乐人世一般。但中国历史总是在政治较为清明和社会大体安定的时代之后就会出现一段时间的战乱和灾荒，五代十国就是这种典型的历史时期。在这时期，每个王朝都非常短暂，而皇帝更是换了一个又一个，帝王和上层贵族大多只关心自己的政治利益和家族荣誉，而对普天下的百姓，则少有人真正放在心上。由此看来，之所以百姓们一直都对刘知远颇为尊敬，倒不是因为他开创的那个短命王朝有多么繁华兴盛或者是他自身无上尊贵的皇帝身份，而是他心中留有的那种市井情怀和对底层人民的慈悲之心。刘知远本是晋阳人，他登基后对于百姓所施行的一系列仁政，总算没有愧对乡人，这也就是现在一些晋阳人说起五代十国各个皇帝时为何独对刘知远抱有一份特殊好感的原因所在。

北汉王朝是在晋阳兴起的五代十国时期的最后一个政权，同时它也是北宋统一天下途中遇到的最大障碍，或者说它给予宋朝部队最强硬的抵抗。赵匡胤、赵光义兄弟先后三次攻打北汉，其间损兵折将，耗费了难以计量的物力，攻克晋阳的战斗可谓代价甚巨。基于以上原因，赵光义便对晋阳城和晋阳百姓充满了仇恨和偏见，称此地"盛则后服，衰则先叛"，对自己千辛万苦打下的晋阳城非常嫌恶。宋朝军队在征伐北汉的战斗中曾经火烧平遥、寿阳，并且俘掠百姓，其残暴使晋阳百姓对宋兵毫无好感。晋阳之地，百姓们素有尚武之风，宋朝攻克晋阳后，虽然刘继文出城投降，但人们依然不肯降服，时常以砖瓦石块为武器，偷袭宋朝士兵。这些因素加深了赵光义对晋阳和晋阳百姓的愤恨，于是就以京师开封与晋阳的星宿不合为借口，强迫晋阳城内的百姓迁出，从此这些祖祖辈辈生活在晋阳的百姓便永远失去了自己的家园。宋军"尽焚其庐舍，民老幼趋城门不及，死者甚众"，基本上这是赵光义对晋阳百姓的一次残酷屠杀。晋阳这座"龙城"被大火焚烧，逐渐消失在巨大的烟尘当中。焚城之后，担心没有彻底毁灭晋阳城的赵光义又派兵引汾、晋二水灌漫晋阳城废墟，这座古城经过大火焚烧，又被大水所浸，一火一水将它几乎毁灭殆尽。

传言，赵光义毁灭晋阳城的最根本原因是他认为晋阳这个地方风水好，出了春秋末期赵襄子、汉朝文帝刘恒、北齐高洋父子、唐朝李渊父子、五代李存勖、石敬瑭、刘知远等皇帝或者割据一方的霸主，晋阳被称为"龙城"就是出于这个缘故。赵光义不毁灭这个地方，是不会感到安心的，因为他担心此地日后仍然会出现当皇帝的人杰，从而推翻他的大宋江山。在毁灭晋阳城数年后，他在唐明镇建立了新城，而即使是在建设新城时，他依然心有余悸，担心龙脉还未死绝或者仍会遇机会而兴起，因此他便在新城建设中不修"十字街"，只修"丁字路"，为的是钉住龙脉，使龙兴之地不再有皇帝出现，坐稳他的江山。传言毕竟是传言，可叹的是，晋阳城这座历史久远的北方大都会、这座军事重镇，从春秋战国时期到宋朝之前历经了 1500 年，就这样被短视的赵光义毁于一旦。以后的历史铁一般地证实，由于城防坚固的晋阳城被毁，中原失去了一道极为重要的军事屏障，金兵可以较为容易地进攻宋朝，最终导致大宋的山河破碎，皇帝被虏获，北宋宣告灭亡。这充分说明，赵光义并非一个具有远见卓识的政治领袖，他不仅欠下晋阳百姓的血债，也断送了后代的江山社稷。

赵光义毁灭晋阳城后，禁止晋阳百姓在旧址居住，迁并州治于榆次城，废晋阳、太原二县，改为平晋县，有炫耀"平晋阳"功劳之意。赵光义在修筑平晋县时修建了一座"统平寺"，御制《平晋记》于诗中，并赋《平晋诗》。这座寺庙是赵光义彰显自己攻克晋阳功绩的寺院，晋阳百姓因为他毁灭了晋阳城而痛失家园，所以对这座寺庙极其厌恶，屡次将这座寺院焚烧或破坏，以泄心中积压的愤怒。而由于焚烧事件时常发生，以至于地方官只好罢祀。统平寺的罢祀很清晰地说明晋阳百姓对于赵光义的愤恨以及该地百姓骨子里的那种反抗精神。

五代十国时期，连年的战争以及与走马灯一般的政权更迭严重伤害了中国文化的传承，而且造成大量文物的毁灭和文献的遗失，这都是不可挽回的巨大损失。对赵光义来说，他不仅是毁灭了历史文物，更是毁灭了一整座文化悠久的城池和晋阳人赖以生存的家园。

晋阳古城虽历经多次劫难，但令后人感到敬畏的是，晋阳古城人在危难困境时从来没有改变晋阳人独有的坚韧而勇敢的气质。

历史风云变幻，从晋阳走出去的那些帝王和霸主的千秋功业自有后人评说，而历史天空中古晋阳人民的抗争精神和无畏气质却是在世代流传中，感动和激励着他们一代又一代的子孙后辈。

（贾墨冰）

第九章｜扼腕叹息
毁"龙城"半壁江山失屏障

滔滔黄河水从山西的西南部流过，山西在黄河以东，因此古人用"河东"一词泛指山西。北宋初年，宋太祖"三下河东"之战，征伐的就是当时山西境内仍割据一方的北汉，赵匡胤欲谋取北汉的国都晋阳。

陈寅恪先生曾说："华夏民族之文化，历数千年之演进，造极于赵宋之世。"宋王朝结束了晚唐以来中原地区近百年的封建割据和战乱纷争，统一了全国，但一开始它的局势并不稳固。

宋朝建立时，尚有后蜀、荆南、南唐、吴越、南汉、北汉等割据政权存在，赵匡胤要想一统天下，就必须把他们全部都消灭，但这谈何容易。当时的形势是，宋朝北面除北汉外尚有辽国和西夏，其力量大大超过南方的敌人，所以赵匡胤采取的是"稳定北方、先取南方"的策略。北汉是宋朝最后消灭的一个割据政权，在宋朝建国近20年后，宋廷才成功攻取北汉国都晋阳。而在此之前，北宋对北汉已用兵数次，其中一次还是赵匡胤御驾亲征。

当时，占据上党地区的后周昭仪节度使李筠率先向宋廷发难，与之结为同盟的便是割据太原地区的北汉主刘承钧。叛乱虽然最终得以平息，但周围形势确实不容乐观，这让宋太祖坐卧不宁，寝食难安。

寒冬，大雪飘飘之夜，宋太祖赵匡胤与时任开封尹的弟弟赵光义（原名赵匡义，因避赵匡胤名讳而更名），微服踏雪夜行，来到宰相赵普的府第。君臣席地而坐，围着通红的炉火，烤肉饮酒，商议国事。皇上深夜来访，赵普惶惶然不安，便问："陛下为何不顾寒冷，深夜外出啊！"赵匡胤慨叹："我睡不着啊！"原因是"一榻之外，皆他人家也，故来见卿"。意思是，除了我自己的卧榻以外，其他地方好像都是别人的家一样，所以内心不安，难以入眠，并明确表示："吾欲收太原。"赵普稍做沉思，断然提出：太原是西北边防重镇，一旦攻陷，边患就成了问题，应先暂且留下，等削平诸国后再来对付。这一提议正合赵匡胤之意。

于是，宋朝制定了"先南后北""先易后难"的统一战略，建隆四年（963年）先平灭荆湖，开宝元年（968年）又扫除后蜀。

△赵光义火烧晋阳古城

令赵匡胤没想到的是，消灭北汉的路程竟是如此艰难。

开宝元年（968年）八月，北汉睿宗刘钧病故，其养子刘继元（本姓薛）继位。赵匡胤看到有机可乘，认为这是平灭北汉的好时机，便抛弃"先南后北"的既定战略方针，决意马上出兵，征伐北汉。

赵匡胤命昭义节度使李继勋为河东行营前军都部署，又以侍卫步军都指挥使党进为前军副都部署，宣徽南院使曹彬为都监，共同率军攻打北汉国都晋阳。刘继元一面派侍卫都虞候刘继业（即后来的抗辽名将杨业）和冯进珂扼守团柏谷（今山西省祁县境内），一面派遣使者向辽国求救。两军正相持间，随同刘继业、冯进珂一同驻军的北汉将领陈廷山却率部降宋，刘、冯二将只得退回晋阳，这样，宋军乘势夺取汾河桥，直抵晋阳城下，纵火焚烧晋阳城之延夏门。十月，辽国南院大王挞烈率兵援救晋阳，宋将李继勋等才退了兵。此为第一次下河东。

开宝二年（969年）正月，赵匡胤决定御驾亲征北汉。二月二十七日，他从汴京出发，一路北上，经相州、磁州，至潞州（今山西省长治市），遇雨滞留十余日后继续行进。三月二十一日，赵匡胤亲临晋阳城下，将大队军马驻扎在甘草池（今晋祠镇瓦窑头以南）。三月二十三日，赵匡胤命宋兵在晋阳城四周筑寨围攻，但坚固的晋阳城和顽强的太原军民让宋军吃尽了苦头。虽然宋军持续猛烈攻击，但晋阳城岿然不动。迫于无奈，宋太祖听从部将建议，下令筑"长连城"，拦堵汾、晋二水，欲水灌晋阳。他赤膊露体，亲自指挥将士运土筑堤。三月二十九日，宋军效仿春秋时的知伯，决开晋水、汾河，水灌晋阳。晋阳城被水困多日，城中甚慌，宋兵又于四五月间在阳曲、定州等地，连败前来救援北汉的辽兵。闰五月初二日，晋阳城的一段南城墙被水浸塌，水顺势涌入城中，北汉人心惊慌，秩序大乱，赵匡胤登长堤观看。只见"水口渐阔，北汉人缘城设障，为宋师所射，障不能施。俄，有积草自城中漂出，直抵水口而止，宋师弩失不能彻，北汉人因以施功，水口遂塞"。北汉大臣郭无为一看形势不利，便意欲降宋，他假意向君主请兵，说自己准备带兵夜袭宋营，刘继元一听，好哇，马上挑选精兵千余人给郭无为，并让刘继业、郭守斌一同前往。谁知当晚风雨交加，视野受限，眼前不辨东西，刘继业因马受伤，与部下先返回城内；郭守斌迷路，退回晋阳；郭无为与手下数十人也一同返回晋阳城。郭无为还不死心，又一次劝英武帝刘继元投降宋朝，一旁的太监卫德贵，历数郭无为谋反罪状，刘继元听罢气上心头，遂将郭无为斩首。

宋军久攻晋阳城不下，时逢炎暑酷热，阴雨连绵，湿热使宋军中痢疾流行，士兵苦不堪言，而两次被击退的契丹援军这时又卷土重来，辽国北院大王耶律乌珍从白马岭率劲旅，夜抄近路飞驰至晋阳城西，鸣鼓举火，向晋阳城中传递救援信号。苦战四个月，宋军依然攻不下晋阳城，出师未捷的赵匡胤进退两难，太常博士李光赞和丞相赵普都劝他退兵。赵匡胤料不能胜，于闰五月十三日下令撤军，撤退中，还将晋阳城外万余户居民掠往山东、河南，以削弱北汉的实力。此为第二次下河东。

这次失利让赵匡胤意识到，收服北汉的时机和条件仍然不成熟，于是宋朝重回"先南后北"的既定战略，在完成对南方的统一后，征伐北汉，统一北方，成为赵匡胤的夙愿。

春去秋来，七年光阴匆匆而过。北宋开宝九年（976 年），宋朝已将南方全部平定，南汉、南唐等割据政权全部归降宋廷，宋太祖又一次将征伐的目标锁定北汉。这一年八月十三日，宋太祖又命侍卫马军都指挥使党进为河东道行营马步军都部署，宣徽北院使潘美为都监，虎捷右厢都指挥使杨光义为都虞候，洺州防御使郭进为河东道忻、代等州行营马步军都监，统帅五路大军分别从汾州、沁州、辽州、石州、代州出兵围攻晋阳。八月二十二日，宋军又一次兵临晋阳城下，将城团团包围。九月，党进等在晋阳城下大败北汉军，缴获马匹千余。北汉刘继元向辽求援，辽军率兵前来营救晋阳，两军苦战，相持不下。这时，就在赵匡胤踌躇满志想完成统一大业之际，十月二十日晚，他却突然病死在开封，传说中的"烛影斧声"成为千古疑案。此为第三次下河东。

赵匡胤建立宋朝后，处心积虑"三下河东"，但至死都未拿下北汉。

历史的长河，不会因某个人的离去而终止，即便他是一代君王，仍不例外。时间日夜奔流向前，无止无息。

赵匡胤病逝次日，即开宝九年（976 年）十月二十一日，其弟赵光义即皇帝位。十二月，宋太宗赵光义改年号为太平兴国，下诏罢河东之师，召党进、潘美等围困晋阳的军队班师回朝。之后，赵光义仍把平灭北汉当作头等大事。

又过了三年。太平兴国四年（979年）正月，赵光义决定再次征伐最难啃的骨头——北汉。北宋建立于公元960年，此时，宋朝立国近20年，太祖已打下良好基础，南方各割据势力均一一平服，这些都为讨伐北汉做好了一定准备。而这一年，是晋阳作为北汉国都的第28个年头。

这年春节刚过，心急火燎的宋太宗赵光义就坐不住了。正月初五，他命大将潘美为北路都招讨制置使，总制前线军队，又部署军队从四面进攻晋阳城，督促各地向晋阳前线运送粮草。初六日，赵光义又命云州观察使郭进为河东石岭关（位于今太原北）都部署，负责阻止和切断从燕蓟方面过来的辽国援军。初十日，赵光义在开封长春殿设宴，亲自为潘美等出征将官饯行，情绪高昂，志在必得。二月二十五日，赵光义自统另一支大军，从开封起驾，前去征伐晋阳。

此次出征，准备十分充分，所以征战比较顺利。宋军一面围困晋阳，一面对晋阳周围的隆州（今祁县东南）、孟州（今盂县）、岚州（今岚县）、沁州（今沁县）、汾州（今汾阳市）等各州县同时发动进攻，以阻止他们增援晋阳。北汉英武帝刘继元匆忙派使者向辽国契丹求援，辽派两路援军南下解救晋阳之围。三月十六日，辽国援军耶律沙率兵在白马岭（今盂县东北）与宋将郭进隔涧相遇，宋兵趁辽军渡涧时发动猛烈进攻，辽军死伤万

余人，耶律沙只身逃脱，正遇辽国另一支救兵耶律斜珍赶到，以箭射退宋军，之后，两路援军一齐退回辽国。刘继元望穿双眼，见救兵还不到，又遣使者带蜡丸书信从小路赴辽告急，但下书人中途被郭进捕获，被押赴晋阳城下斩首示众。

赵光义此次御驾亲征讨伐北汉，制定的是"围城打援"战略。这时，太原外围州县已陆续被宋军攻克，宋军又在石岭关击退了辽国援军，为会攻太原扫清了障碍，对晋阳城形成四面包围之势，最后，晋阳只能成为一座孤城。四月二十日，赵光义来到晋阳城下，驻扎在"汾东行营"（遗址在今庞家寨东北），严密督查诸路军将，昼夜不息攻打城池，城下尸体成堆，"城上（箭）如猬毛"，惨不能言。到五月时，宋军攻破了晋阳城外的羊马城，北汉马步军都指挥使郭万超逾城降宋，刘继元手下亲信将士大多伤亡。此时的晋阳城，内无粮草，外无救兵，危在旦夕。赵光义数次寄书给刘继元，告谕其投降，已退职的左仆射马峰带病入见刘继元，哭劝他："晋阳城实难保住，快快放弃抵抗吧！"思前想后，万般无奈的刘继元，痛定思痛，决定献城降宋。五月初五，刘继元连夜派客省使李勋赴宋营献上降表。次日凌晨，刘继元穿素衣、戴纱帽，率文武群臣待罪于城台下，赵光义在城北沙河门楼受降，封刘继元为彭城郡公，就这样，北汉"州十、县四十、户三万五千二百二十"尽归于宋朝手中。至此，宋朝终于平灭北汉，完成了统一北方的大业，五代十国的分裂局面就此结束。

赵光义虽灭了北汉，但对晋阳城和城中百姓仍十分愤恨，这其中原因有二。一是宋廷耗费无数兵力钱财，历时十余年，数次征伐，费尽心血力气，才攻下了北汉；二是北汉主刘继元已经降宋，但晋阳城的"弓箭社"等民间组织和百姓却至死不降，以砖瓦石块为武器，不断击打宋军，有诗曰"薛王出降民不降，屋瓦乱飞如箭镞"。因此，赵光义对晋阳百姓痛恨不已，骂他们是"顽民"，又汲取五代李存瑁、石敬瑭、刘知远等称帝教训，以为晋阳风水好，是出天子的地方，又听说晋阳城北面的系舟山是"龙角"，城西南龙山、天龙山是"龙尾"，居中的晋阳城是"龙腹"，他害怕龙城晋阳再出"真龙天子"，争夺他的宋朝江山社稷，于是借口晋阳城与开封"参商不两立"，决定将这座有1500余年历史，"周四十二里，东西十二里，南北八里三十二步"，由内三城、外三城、大小六座城池组成的我国北方重要的政治、经济、军事重镇，彻底摧毁。

为根除遗患，赵光义立即组织人马平毁晋阳城。他首先降低太原政治地位，削弱政治影响，诏令降太原为"紧州军事"，即一般州，并移治于榆次，还限制太原科举取士的名额。接着，又下令在汾河以东，即宋军原来攻打晋阳时的行营驻地，筑立新城，取名平晋城（遗址在今小店区城西村以东，南畔村与北畔村之间），喻平灭晋阳之意，强迫晋阳百姓迁居于此。

史载，宋太宗"遣使分部徙居民于新并州，尽焚其庐舍"，五月十八日，下令放火烧毁晋阳城，其时新城、仓城、大明城、西城、东城、连城，里三城、外三城的 40 余里繁华都市，燃起熊熊烈火，大火一烧就是三个月，"民老幼趋城门不及，死者甚重"，惨绝人寰！次年四月，宋太宗又"诏壅汾水、晋水灌太原故城"，意在彻底毁灭晋阳城。经火烧、水淹极端惨烈的毁灭之后，千年古城晋阳灰飞烟灭，满目皆是废墟。

晋阳城毁后，赵光义又派兵士将系舟山巅铲平，拔去龙角，几年后在唐明镇建新城（今太原市），只修"丁"字街，不修"十"字街，意为钉破"龙脉"。

金末元初最有成就的文学家、历史学家元好问，生在山西，曾行走于三晋大地、古城太原，留下了许多著名诗篇。人们熟悉的《摸鱼儿·雁丘词》"问世间，情为何物，直教生死相许……"已是千古绝唱，同时，他的长诗《过晋阳故城书事》也非常著名，

晋水之阳第一村

记述了晋阳城被毁的惨痛历史。金宣宗贞祐三年（1215年），蒙古军攻陷燕京，26岁的元好问途经太原，登上悬瓮山望川亭，远眺晋阳古城遗址，又游览荒凉破败的晋阳城废墟，抚今思昔，感慨万千，写下了吊古伤今的《过晋阳故城书事》诗：

惠远祠前晋溪水，翠叶银花清见底。

水上西山如卧屏，郁郁苍苍三十里。

中原北门形势雄，想见城阙云烟中。

望川亭上阅今古，但有麦浪摇春风。

君不见系舟山头龙角秃，白塔一摧城覆没。

薛王出降民不降，屋瓦乱飞如箭镞。

汾流决入大夏门，府治移著唐明村。

只从巨屏失光彩，河洛几度风烟昏。

东阙苍龙西玉虎，金雀觚棱上云雨。

不论民居与官府，仙佛所庐余百所。

鬼役天才千万古，争教一炬成焦土。

至今父老哭向天，死恨河南往来苦。

南人鬼巫好禨祥，万夫畚锸开连岗。

官街十字改丁字，钉破并州渠亦亡。

几时却到承平了，重看官家筑晋阳。

这首长诗记述了晋阳故城历时一千多年造就的辉煌和被大宋王朝水淹火烧的惨痛历史，联系他所处时代国破家亡的现实，表达了诗人极大的惋惜与愤慨。借诗存史，元好问写出了正史上未曾记载的"铲龙角""钉龙脉"等史实。

失去"龙城",江山难保。赵光义毁掉晋阳城,自以为是聪明之举,实则做了一桩大错特错的蠢事。晋阳城被毁,千年繁华都市烟消云散,从此,中原大地失去保护屏障,致使后来金兵长驱直入,掳宋徽宗、宋钦宗二帝,使赵氏子孙受辱,山河破碎,江山不能久治。

（申毅敏）

第十章｜归去来兮
"顽民"不舍故园情

雄踞历史 1500 余年的晋阳古城，毁在了赵光义的火焚水淹之中，存留百姓如何生存下去呢？当时周围的情况是：

距离晋阳故城 10 千米的汾河东岸，宋朝筑起的平晋县城规模很小，"其高一丈二尺，周围四里余"，存在了近 400 年。明洪武四年（1371 年），汾水泛滥，平晋县城被淹，治所移至汾西晋阳故城大明宫遗址南（今晋源城）。20 世纪 50 年代，平晋县城遗址尚有南、北两个大土圪塔，俗称"旧县圪塔"，20 世纪 60 年代曾出土陶灯、砖、瓦等遗物。

宋初，宋、辽、西夏等诸国并起，太原是北宋牵制辽国的重要堡垒，宋朝屡派重臣，加强太原边防守备力量。太平兴国（982年）七年，即晋阳城被毁 3 年后，宋廷在晋阳故城北 20 千米的汾河对岸，以阳曲县唐明镇为基础，修筑了一座土城——唐明镇太原城（今杏花岭区西羊市至后小河一带），规模不大，它是宋代以后太原城发展的胚胎。

这样，大部分晋阳百姓被强迫迁入的即为这三个地方——之前移治的新址榆次、刚建的平晋县城和唐明镇太原城。但百姓内心痛恨赵宋王朝焚烧晋阳、戮力百姓的血腥统治，有人宁愿四处流落，无家无舍，在路边、空地、树下栖身，饱受罹难之苦，也不愿迁往平晋新城，史有"自并州平，七十七年故城父老不入新城"之记载。

一些年迈体弱之人，眷恋故土，宁死不进平晋城，挂着拐杖，背着包袱，又从汾河东岸一步步挪回汾河西岸，情不自禁地聚集在晋阳古城遗址的西南（今南城角村）、西北（今古城营村）等地势稍高的地方，搭建茅舍，艰难栖身，栉风沐雨，度日如年……然而，就是这几股散发的、微弱的、不屈的力量，最终诞生出人间奇迹。

在晋阳城被毁、百姓煎熬度日中，近 20 年过去了。北宋咸平元年（998 年），新皇帝宋真宗赵恒登了基。这时，民间传说晋阳故城中被毁的惠明寺遗址（今古城营小学与晋源二中所在地）上显现灵光，朝中以为这是祥瑞之兆。惠明寺原为晋阳城中最大的佛寺，始建于隋仁寿二年（602 年），隋唐时有前、中、

△惠明寺阿育王塔

后三进院落和一座舍利塔，因隋文帝杨坚赐额"惠明"（寓意"惠赐光明"）而名。晋阳城被毁时，惠明寺及佛塔亦同时倾塌。如今祥瑞之兆既现，皇帝便降诏重修惠明寺及 90 米高的木塔，皇家内库下拨银两，工程规模浩大，历时十余年才完成。景德三年（1006 年），惠明寺内建起累甓 9 级、高约 52 米的新砖塔。大中祥符二年（1009 年），惠明寺修复工程全部竣工，皇帝降诏，以汾州僧启璘为住持。据《惠明寺舍利塔碑记》记载，惠明寺时"堂庐五十有四间"。

如今，惠明寺已不存。走进今天的古城营村学校，我们会看到一座25米高的巍峨古塔，像一个巨大的宝瓶矗立在蓝天下，它就是惠明寺原附属建筑舍利塔（一名阿育王塔）。历史上，这座舍利塔屡毁屡建，今天所存为明代洪武年间重建，距今已600余年，近年又得以修缮，现为太原市重点文物保护单位和山西省重点文物保护单位。史载，它是佛教典籍所记载的中国19座阿育王塔之一，是明清时太原县八景之一的"古塔凌苍"（其余七景为五峰聚秀、八洞环青、青潭写翠、蒙山晓月、汾水秋波、白龙时雨、卧虎晴岚）。正如碑记所载："今宝塔高峙，灿烂一新，影拂虹霓，铃声回荡，古风犹存哉。"

再说宋初修复的惠明寺和木塔，虽比不上隋唐时的规模，却也给晦气了20余年的古城遗址带来一线光明和人气。惠明寺重修后，地方官员纷纷前往祭祀礼佛，寺僧们也有多种生活需求，因此晋阳古城遗址上一改往日荒凉寂寞的情形，人烟逐渐增多，渐渐形成村落。

古城遗址上最先出现的是南城角和归德村（今古城营村）两个村庄，随后又有东城角、东关、南瓦窑、北瓦窑、城北、罗城、盐堡子等村庄出现。从这些村名可看出，它们当时在晋阳古城遗址的大体方位。

归德村（今古城营村）：坐落在唐晋阳西城的中心地段，春秋晋阳城、东魏晋阳宫、北齐大明宫、隋建惠明寺及众多官府衙所的遗址均在该村范围之内。村里有始建于宋初的九龙庙。

南城角：初名贤富村。坐落在唐晋阳西城西南角隅。村里有始建于宋朝的二郎庙及始建于元朝的长春观。

东关村：位于今古城营村东 0.5 千米处。坐落在唐晋阳西城之东关遗址，其东即"冠中城南流"的汾河故道和唐代中城遗址。该村真武庙有碑载曰："东关村，故晋阳之东关也。"

东城角：位于东关村东南 0.5 千米处的唐晋阳东城遗址中。因坐落于隋唐太原县城（之前为北齐晋阳县城）之东墙角隅而得名。历史上的晋渠穿越晋阳西城，跨汾河渡槽入东城，绕太原县城而西流入汾。

盐堡子（一名盐铺）：后名晋阳堡，地处东城角之南，在唐代晋阳东城遗址范围之内，因东城"地多碱卤"而得名。

南瓦窑、北瓦窑：地处唐晋阳东城之东南角隅。为潜丘遗址。"宋修惠明寺浮图，陶土为瓦用"，潜丘遂失其形，形成村落后名瓦窑村，后按方位分为南、北二村。

城北：地处今古城营村正北 1 千米处，因位于唐晋阳西城之北而名。相传，城北村乃晋阳西城"大夏门"之遗址。

罗城：地处今古城营村西北方向，因位于唐晋阳西城西北罗城遗址而得名，史有"龙山城（即晋阳城），宋毁。西北处有罗城，以御两山之水，俗呼长龙城……"之载。该村存有大、小王庙。

归德村位于晋阳古城遗址的核心地段。周边的城北、东关、东城角、南城角、罗城等与晋阳古城有关联的村庄，分布在它的周围。

晋阳古城遗址上出现的这些新村庄，让宋朝的地方官员大伤脑筋，先不说户籍、税赋、徭役，仅村庄定名就让他们踌躇不决。

晋阳一地民风强悍，习武盛行，当年攻伐晋阳的宋廷官军曾受到民间"弓箭社"的顽强抵抗，宋太宗赵光义骂晋阳百姓是"顽民"，说这是个"国家盛则后服，衰则先叛，不宜列为方镇"的地方。赵光义修筑平晋城时，将指挥作战驻扎过的"汾东行营"改建为"平晋寺"，寺中御制《平晋记》，赋《平晋诗》，后来的皇帝还下令把太宗御容置于寺内，但当地百姓根本不买账，屡屡暗中焚烧这座赵光义御驾亲征晋阳的"纪念馆"，弄得地方官员束手无策，最后只好罢祀。旧时，晋阳古城遗址（古城营村一带）村社酬神赛唱时，拒演赵匡胤征伐晋阳的《三下河东》剧目，认为演此剧是对当地的羞辱，而上演戏曲《贺后骂殿》《审潘洪》等，在舞台上谴责和控诉赵宋王朝。桩桩件件，均可窥见民众对赵宋皇帝的不满。

所以，面对民心难以收服的晋阳百姓，官府费尽了心思，经再三斟酌，逐级上报，最后取教化之意，将这个古城遗址核心地段上形成的村庄，命名为归德村，村子隶属平晋县。"德"字含义广泛，除"道德"及"品行"外，还包括"政治品质"在内。司马光称，贤明帝王汉文帝刘恒即是"专务以德化民"。 归德之意，一是归附于德政。如《逸周书·大聚》："譬之若冬日之阳，夏日之阴，不召而民自来，此谓归德。"汉·应劭《风俗通·十反·太尉沛国刘矩》："京师归德，四方影附。"三国时期魏国的李康《运命论》也说："西河之人，肃然归德。"二是归顺。《后汉书·袁安传》载："伏念南单于屯，先父举众归德，自蒙恩以来，四十余年。"综合上述典籍，宋朝官府将古城遗址核心地段上的新村庄命名为"归德"，是希望过去的"顽民"服从现在官府的统治，不要再滋事生非，要做朝廷的顺民。然而民性民风岂能因"村名"而改变？事实上，百姓对官府所定的"归德村"村名并不买账，念旧的人们依然将这个村唤作"古城"。

归德村建立后，人口发展极其缓慢，宋朝末年，"丁不上百"，元朝战乱加之自然灾害，致使村庄"房舍人殆尽，街巷无鸡鸣"。经明初数次大移民后，归德村才人烟渐盛。

归德村民众的生活，与村里一座叫九龙庙的庙宇息息相关。

九龙庙位于今天古城营村村北庙前街（旧为太原县官道）西侧，是古城营村规模最大的庙宇。金大定十六年（1176 年）《重修九龙庙记》记载，晋阳城毁后不久，九龙庙创建，一开始在晋阳故城玄武楼旧基之上，后因风峪水患庙毁，迁至城中旁路杜家地内，即今天九龙庙所在地。

晋阳古城存在时，城中已有石婆祠，祀奉的是北齐武明太后娄昭君。娄太后是东魏权臣高欢之妻、北齐开国皇帝高洋之母，久居晋阳城，秉性宽厚，悯贫怜苦，深受百姓拥戴，在世时就有"石婆""九龙母"之称，死后，"居人感其惠，故立祠"奉之。晋阳城毁，石婆祠亦不存。宋初，归德村出现后，民众自发集资，在晋阳故城北郭玄武楼旧基上创建九龙庙，祀奉娄昭君。新建的

△九龙庙

九龙庙，成为归德村民众的精神寄托，香火旺盛，但后遇水患庙毁，民众于是重修九龙庙，于"城中（晋阳故城）旁路杜家地内，起构安置，兼无虞水害"。九龙庙重建后，香火更旺，明、清两代和民国都有不同程度的修葺。

1988 年 8 月，太原市南郊区人民政府将九龙庙定为区级保护单位，古城营村干部和民众自发集资修复九龙庙，更换梁柱、割制门窗、修缮殿顶、重塑神像、油漆彩绘、新建井亭等，1994 年底竣工，基本恢复旧貌。2000 年 9 月，九龙庙被列为太原市重点文物保护单位，新建牌坊、重铸铁狮、增塑娄昭君六子塑像。2021 年 8 月，太原市新增 10 处省级文物保护单位，九龙庙"升格"，成为省级文物保护单位。

今天我们看到的九龙庙，基本为民国年间大修后的建筑和布局。庙院坐西朝东，铁狮守门，正门上悬"九龙庙"横匾。庙院南北宽 44 米，东西长 60 米，占地面积 2640 平方米，内有主殿、耳房、配殿、戏台、钟楼、鼓楼等建筑，视野开阔。院中古槐高大，盛夏时浓荫蔽日，娄太后给百姓治病的药井已被筑亭保护。整个建筑群古色古香，布局严谨，错落有致。

同时，古城营村范围内遗迹众多，除有晋阳古城遗址、西晋并州城遗址、隋代新城遗址、隋代全城遗址、唐代西城遗址外，还有金人所筑废县城的遗址遗迹。

史载，北宋末年太原抗金战时，金兵强敌压境，太原军民宁死不降，逼得金兵在晋阳古城废墟（今古城营村）之上筑城，做长期围困太原的打算。《太原县志》记载："宋平刘继元，城邑宫阙尽废。靖康初，金人围太原于城下，筑旧城居之，又曰废县。"听村里老人讲，古城营小学以东原为稻田，20世纪50年代，其东部有南北走向城墙遗迹300余米，稻田土堰又高又粗，附近有许多砖块瓦片，此地被称为"城墙圪塔""祥楼圪塔"。这段城墙遗迹直到20世纪70年代一直存在，且延伸到晋源城（明清太原县城）的北城墙一线，应为金人"废县"遗迹。

薪火相传，文脉赓续。众多的遗迹，矗立的古塔，焕然一新的九龙庙等古建，向今人讲述着我们无法抵达的历史深处，以及那些与古城营村有关的久远沧桑的故事……

（申毅敏）

△城池遗址

第十一章 | 军民两屯
古城营姗姗走来

元朝统治太原期间，阶级矛盾和民族矛盾十分尖锐，百姓生活经历了相当长的黑暗时期，元末起义战争连年不断，人们热切盼望光明早一天来临，驱走沉重的苦难与黑暗。

明朝的建立，为历史翻开了新的一页。

1368 年，元朝灭亡，明朝建立。这年秋，明军攻取太原城，结束了元朝蒙古贵族在太原 100 多年的统治。

明太祖朱元璋、明成祖朱棣都是有惜民之心、革新之意的君主。朱元璋曾告诫天下州府县官："慈祥恺悌，身之德也；刻薄残酷，德之贼也。"提醒官吏爱民自勉。为尽快恢复被战乱破坏的社会经济，朱元璋一上任就采取了一系列恢复和发展生产的重要措施，其中包括"移民就宽乡""组织军士屯田""兴修水利""重视经济作物""扶植工商业"等，而"移民就宽乡"是其中特别重要、首先被实施的一项紧急措施，因规模浩大，后代有人称它是"旷古大移民"。

明初大移民的发生有它深刻的历史原因。元末，冀、鲁、豫等地因天灾战乱，大量人口死亡，饿殍遍野，一些地方几乎成为无人之地。而表里山河的山西则要好很多，其时恰逢风调雨顺，连年丰收，经济较为繁荣，因此周边省份大量逃荒难民扶老携幼，不断涌入山西，山西成为当时人口稠密的地区，而山西省的洪洞县，因为土沃水足，人口最为稠密，成了晋南人口最多的县。史载，从洪武初年到永乐十五年（1417 年）50 年间，明朝组织了8 次大规模移民，涉及 18 个省，490 多个县、市，882 个姓氏。洪洞县因在晋南人口最多，所以主要担负着移民迁出的任务。

"移民就宽乡"，就是把大批农民从人多地少的地方，迁移到人少地多的地方去垦荒，即移民屯田政策。对于垦荒移民，明政府在经济上给予多种优待，如搬迁的路费，开荒时的耕牛、农具、种子等，一般都由政府供给；所开荒地免三年税租，超过定额多开出来的农田，成为农民的私产。山西是人口外迁的重点区域之一，其移民活动从洪武六年（1373 年）至永乐十五年（1417 年），持续了近 50 年。洪洞大槐树下是一个移民中转站，旁边广济寺里驻扎有朝廷官员，为移民登记造册，移民在大槐树下领取凭照川资（称迁移勘合），然后部队士兵一路押解迁出的移民，送交到迁入地的各个州县。所以至今在河南、河北、山东、山西、安徽等省份，仍然流传着"若问祖先何处来，山西洪洞大槐树"一说。

山西虽说是移民外迁的主要地区，但山西内部也有一些州县村庄，因历经战争摧残而空旷无人，急需添补人口，因此也有少数人是从外地迁入山西，当时太原府太原县（明洪武八年前称平晋县）的归德村，就是由外地人迁徙进来，外来人口大大增加后方才复兴的。

相传，遭受元朝末年战争动乱和自然灾害的归德村，到明朝成立时，亦有很多人口是明初大移民从他处徙迁而来的，有据可

△移民迁徙浮雕图

查的几个家族有：

张姓：为今古城营村第一大姓，是明初第一个徙迁至归德村的住户，其祖籍为河北省宛平县。当初是张姓兄弟二人经洪洞大槐树下官府编派至山西，老大落户归德村，老二去了雁北代县。来归德村的长兄名叫张礼，至今历传22世，前后有1400余人口。

刘姓：为今古城营村第二大姓，其祖刘亨（祖籍不详）于明洪武年间，经洪洞大槐树下官府编派移民至归德村定居，至今历传18世，有600余人口。

董姓：祖籍陕西省，明朝洪武年间经洪洞大槐树下官府编派移民至归德村定居，至今历传21世，有400余人口。

薛姓：明初移民时，薛姓兄弟二人经洪洞大槐树下官府派遣至太原县，老大留在太原县河西的归德村，老二去了太原县河东。留在归德村的长兄名叫薛进威，至今已传13世，有100余人口。

韩姓：今古城营村韩姓来源有二，一为明初移民经洪洞大槐树下官府编派而至，另一为晋东南长子县剃头匠于清末徙迁而来。

明朝初年，张姓、刘姓、董姓、薛姓、韩姓等不同姓氏、不同籍贯的人们，扶老携幼，挑着担子，风尘仆仆，长途跋涉后，从四面八方汇聚到了归德村这个新的家园，落户定居，用勤劳的双手开创新的生活。很快，布满荆棘的道路得以清除，倒塌的房屋得以修缮，土地开始有人耕种，村里升起炊烟，鸡鸣犬吠重现，恢复了生机。地方政府开始调查户口，丈量土地，制定了《赋役黄册》（户口清册）和《鱼鳞图册》（土地清册）。明洪武三年（1370

年）开始，归德村始行户帖制，上载各户乡贯、丁口、姓名、年龄、房屋、田地、牛畜，并编有字号。经过数次移民迁入后，这时归德村人口达到 600 余人。明朝规定有耕田 5 ～ 10 亩者，必须种桑、麻、棉各半亩，耕田 40 亩以上加倍种植，否则要纳重税。于是归德村百姓除种粮外，又种桑、种麻，妇女们养蚕、纺纱，处处是男耕女织的农家田园生活画面。

明朝府县两置，既有太原府，又有太原县，二者是隶属关系。太原府在今天的太原市城区，太原县在当时归德村的南面，是新建的县城。相别于新建的县城，百姓习惯称归德村为"古城村"。明洪武八年（1375 年），归德村正式更名为"古城村"，平晋县改名为太原县，这样，古城村就隶属于太原府太原县了。

其实，"太原"作为县名早已有之，始于隋开皇十年（590 年）。唐朝时，太原县与晋阳、长安、万年、河南、洛阳并称"京六县"，直到宋毁晋阳城的 400 余年间，晋阳汾东一直是太原县治地。北宋设了平晋县，停用"太原"县名，后来平晋县城被淹，治所迁徙，此地复用"太原"县名。

明清两朝，太原府城和太原县城并存，直到民国时期，沿用了 1200 多年的太原府被撤销，产生了太原市这一名称。

明初，山西"三司"均驻于太原城，辖领府、州、县，管理军、民、财政，治所在阳曲（今太原市城区）。明前期，太原府辖领六州、二十二县。明末，太原府辖五州、二十县，其中府直辖十三县，州辖七县，府直辖十三县为阳曲、太原、榆次、太谷、祁县、清源、徐沟、交城、文水、寿阳、盂县、静乐、河曲，范围很大。

为树立和维护朱明王朝的宗法统治，朱元璋实行封王建藩的政治制度。其三子朱㭎被封为晋王，受藩太原，对太原城进行了大规模的扩建，使面积超过宋代太原城的3倍，还新建了晋王府。扩建后的太原城周长二十四里，城高三丈五尺，池深三丈，全城都用大砖砌就，有8座宏伟高大的城门与瓮城，城墙之上有16座大城楼，城之四隅有4座大角楼，沿城有90座小楼近万个垛口。远望太原城郭，巍峨壮观，气势不凡，明代文学家王世贞曾赞叹："太原城甚壮丽，二十五睥睨作一楼，神京不如也。"昔人便留下了"锦绣太原城"之誉。

了解太原府之后，让我们看看600多年前明太原县城的模样吧。

唐代晋阳城池即为"凤城"，唐玄宗李隆基《过晋阳》有"井邑龙嘶跃，城池凤翔余"之诗句。明太原县城源于唐代晋阳"凤城"，并与唐代晋阳城有着千丝万缕的关系，被誉为"凤凰城"。

明初，新建的太原县城位于古城村南面，在汾河以西晋阳古城遗址上的南关村。它的建筑造型为：城东西长二里，被称为凤凰翅膀；南北宽一里半，为凤凰身躯；城中十字街中心凸起，有好汉坡，象征凤腹隆起，东西南北四条街呈弧形形状。北门瓮城门洞向东开，取"丹凤朝阳"之意；瓮城内通道两旁各有水井眼，象征凤之双目；城东、西门各向正东、正西，瓮城外门洞转折向正南，表示凤之双翼尖端指向南方；南城门为凤尾，内外两门洞在一条直线上开向南方，门外宏伟的宝华阁，又似高翘的凤凰尾羽。

明太原县城是一座不规则的方城。其城周七里，东西宽，南北窄，呈长方形。城高三丈，壕深一丈，设四门。东曰"观澜"，西曰"望翠"，南曰"进贤"，北曰"奉宣"，瓮城门额分别书"东汾聚秀""西兑金汤""桐荫晋阳""古原屏翰"。

明太原县城尽管没有当年晋阳古城的威仪，仍是一方政治、经济和文化中心，体现着商业文明和农耕文明交融的特色。城中有东、西、南、北四条正街，还有北后街、东横街、小西街、仓巷等几条较大的街道。城内外分布有公署、书院、寺庙、仓场、坛邑、官邸、名宅等。北街有玄帝祠、关帝庙、真武庙、北寺。北后街有东岳寺、吕祖庙、奶奶庙、按察分司、晋泉书院（桐封书院）。西街有玉皇庙、隆恩寺、窑神庙、姑姑庵。西门外有尹公祠、观音阁、邑坛、社稷坛、官亭等。南街有财神庙、城隍庙、梁公祠、安宁寺、药王庙、养济院、预备仓。南门外有宝华阁、龙天庙、天地坛、观音堂、空王佛、仙翁庙。东街有县署、布政分司、文庙、三官庙、南寺、鼓楼等。东门外有文昌宫、河伯祠、先农坛、八腊庙。据当地老辈人回忆，到20世纪40年代，县城内作坊店铺多达160余家，南关、北关车马旅店有40余座，其繁华景象非同一般。

明太原县城建成后，还有多次规模不等的修筑，修筑者中，明朝朝廷重臣王琼，功莫大焉。

王琼（1459年—1532年）是明朝太原县出过的很有名气的朝廷重臣，年轻时赋诗言志"丈夫生而果有志，何必临渊去羡鱼"。他居官50余年，三事尤被称颂：一是治理漕河，以敏练著称；二是平定宸濠叛乱，任人唯贤；三是总制西北，功在边陲，后来官至户部、兵部、礼部尚书。其祖上先居蚕石村（今属晋源区姚村镇），后迁河东刘家堡，明朝又在太原县城起建新第（遗址在今古城营村东街路南）。明正德七年（1512年），王琼丁母忧居家，倡议重修明太原县城的城楼与角楼，经知县白晟、梅凝主事相继落成。正德十四年（1519年），王琼又与知县吴方修补女墙。嘉靖十年（1531年），王琼在京任吏部尚书。次年七月，王琼病逝于京师任所，其长子王朝立扶灵柩回籍，葬于蒙山脚下王家坟（今属晋源区金胜镇），礼部尚书霍韬撰神道碑。晋祠里的晋溪书院即以王琼号为名，始建于嘉靖五年（1526年），晋溪书院之西有王琼祠。嘉靖二十一年（1542年），鞑靼军入境，邑人高汝行（曾任浙江按察使副使）与王琼长子王朝立等捐资倡议修城墙，外增敌台32座。清道光《太原县志·城垣》载，隆庆二年（1568年），知县王世业增城一丈。万历十八年（1590年），知县陈增美在旧壕外筑女墙，墙外浚壕阔十丈，深三丈，植柳环岸。清代、民国期间，太原县城又有多次规模不等的修筑，大致格局未变，这里一直是明太原县、清太原县、民国太原县、日伪晋泉县、阎锡山晋源县的治所，直到中华人民共和国成立以后方撤销县置，在太原县城设立了晋源镇。

由于年深日久，加之近代以来战争等因素影响，明清太原县城的古迹有不同程度的受损。2011年，它被列入国家级历史文化街区；为延续晋阳文脉，让古县城重现光彩，2012年，太原市政府和晋源区政府启动了古县城复建保护工程；2013年开工，历经8年建设，2021年5月1日，太原古县城完工开放，以气势雄浑的完整面貌出现在世人面前，游客络绎不绝。

复建后的太原古县城，依托龙山，依山傍水，展示着古晋阳龙凤呈祥之灵气。城楼巍峨高耸，护城河波光粼粼，城墙下绿柳环绕。城内明清风格建筑林立，文物古迹星罗棋布，整座城池古朴雄浑。浴火重生后的"凤凰城"再放光彩，恰如展翅飞翔的凤凰，翙翙其羽，气象万千。

太原古县城沿用了晋阳古城"城池凤翔余"的建筑格局，保留下来的"九街十八巷"仍是600多年前的旧时风貌，鳞次栉比的明清建筑，还原了几百年前的旧时风貌，其中，文庙是最具文物价值和文化价值的一个场所。文庙位于东大街中段路北，占地面积约1.2万平方米，是公元1373年由知县潘原英从平晋县故城搬迁而来，其建造年代比太原县城还要早两年，2013年被国家文物局公布为全国重点文物保护单位。现在，文庙依然保持着古时建筑布局，庙宇森严。

修复前，明太原县城共留存大小寺庙、楼阁、祠堂几十处，如刘王祠、尹公祠、关王祠、崇圣祠、节孝祠、洪侯祠、梁公祠、

△王琼复建太原县城

赵襄子祠等，成为晋阳历史文化传承有力的佐证。我们今天看到的城池西城墙，有 1/3 为历史遗存，是遗存最多之处，北瓮城也是明太原县城保存比较完整的一座瓮城。明太原县城还保留了很多具有鲜明地域特色的民俗文化，如延续千年的龙天庙会、南街架火，已列入市级非物质文化遗产名录。

太原古县城北面紧邻的古城营村，历史遗迹很多。

村子的西南端，有一段长长的古代堡城墙遗迹，东西长 200 米，南北宽 100 米，这是明朝留下来的宁化王堡城遗址，距今约 600 年左右。"古城村"之所以后来改名为"古城营村"，加了"营"字，就是因为明朝的宁化王朱济焕，曾在这里修筑了一座"宁化王堡城"，并且驻兵屯田的缘故。

明洪武三年（1370 年）四月，朱元璋将众皇子封王于各地，其三子朱棡受封晋王后，没有立即来太原，而是先让其岳父谢成（明朝开国名将，永平侯）来太原勘察，修筑晋王府。当时的太原城饱经战乱，残破不堪，且十分狭窄，不便于修筑浩大的晋王府邸，谢成便选了太原城西南 20 千米的晋阳古城遗址（今古城营村一带）动土施工，欲修晋王府。《太原县志》记载，刚动工，没想到"椽础既具，一夕大风尽坏"，谢成认为选址不吉，于是另选址于宋建太原城外东北处，修筑起一座高大宏伟的晋王府。300 多年后，晋王府毁于大火。

朱棡初来太原时，眷属尚不算太多，所需禄米有限，百姓尚能供起，后来其子孙嫡传庶出越来越多，如弘治年间晋王府的庆成王朱钟镒，子女 94 人，孙辈 163 人，曾孙辈 510 人。到万历年间时，晋王府子孙后裔及妻室等"已达二千八百余人，每年须支禄米八十七万多石"，百姓不堪重负。

王府为解决粮食问题及奢侈开支，分封了许多小王，去附近县"屯田"。"屯田"形式有二，一为民屯，一为军屯。

民屯目的是"欲地无遗利，人无失业也"，使人丁和土地有机结合。民屯劳动之人都是百姓，只负责耕作，不参加作战。

军屯制起源于西汉，历代延续，明朝得到极大发展，清代臻于完善。军屯就是命令卫、所兵士就地屯田，以免去百姓负担与转运粮饷困难，实现军队自我供给。边地驻军 3/10 守城，7/10 种地；内地驻军 2/10 守城，8/10 种地。每人拨田 50 亩，发放耕牛农具，年终交粮 18 石，贮于屯仓，其中 6 石为所在卫、所公用，12 石作为军士本人俸粮，自由支配。这种方法一定程度上解决了部队军饷问题，大大节省了国家开支，也相对减轻了百姓负担。

太原县境内的"九营十八寨，二十七军屯"，就是源于明初屯军，后来又演变为村庄的。

"九营"为：牛家营、东庄营、小站营、五府营、马连营、圪瘩营、后所营、新营、张花营；"十八寨"是：古寨、西寨、庞家寨、旧寨、梁家寨、武家寨、北堰寨、南屯寨、贾家寨、孙家寨、杜家寨、侯家寨、草寨、化章堡寨、嘉节寨、西寨、监军寨、温家堡寨。

晋水之阳第一村

当时的太原县，三个千户所分驻"九营十八寨，二十七军屯"。另外，还有晋王府屯田4处：东庄屯、小站屯、马圈屯、马蔺屯；宁化府屯田2处：古城屯（即今古城营村）、河下屯。

宁化王名叫朱济焕（1387年—1450年），是晋王朱㭎的庶五子，其府址在今太原市桥头街路北的宁化府正巷。朱济焕另外在晋阳古城的"大明城遗址"上又修筑了一座"宁化王堡城"（遗址在今古城营村一队"堡里"），里面住有管理屯田的官员及兵丁，还有一些有头脸的耕作住家户。当时古城营村村里有军屯（俗称军里）、民屯（俗称民里）两大群体。为王府开荒耕作的编户是军屯，这部分人多是从江淮一带来的客籍军户；民屯历史比军屯早，多是明初大移民时从他处迁徙而来，是自耕自种、给国家完粮纳税的农户。宁化王府名为屯田，其实是抢占民田，那些庄头（小头目）、伴当（办差之人）更是狐假虎威，随意敲诈勒索普通百姓。据《太原史稿》第八章"晋王封于太原"一段记载，民户们"稍与分辩，辄被诬奏。官校执缚，举家惊慌。民心伤痛入骨"。时有"宁挨皇家一刀，不和军屯结交"之说。军屯小头目为王霸道，军户在徭役、浇水等方面占尽便宜，有时连官府也觉得为难，这种不公局面，一直持续至清初。清乾隆四十五年（1780年），军屯、民屯又起争端，经县衙讯断，这年三月，勒石《军民两辨古城营免办一切杂差德政碑记》碑文，立于文昌庙。此后，古城营村无论大事、小事，均以"军三、民三"轮流，隔阂才逐渐减少。

宁化王堡城位于大明城遗址东南隅，呈长方形。当时，堡城南墙借用的是古晋阳大明城南城垣，堡城北墙为明代新筑，设有东、西二门。东堡门城楼上奉道教三清像，西堡门城楼上奉佛教白衣大士像。"文化大革命"时，宁化王堡城东西门楼及塑像皆毁，后来，堡城墙大部分被推平，成为社员宅基地。如今，堡城中格局（指街道）未变，遗迹只有南墙、北墙两段和堡西路北一棵俗称"槐树爷"的干枯古槐，另外还出土了一块刻有"王庄堡"的大方砖，乃"宁化王堡城"之佐证。

明朝的军屯、民屯，在古城营村一带根深蒂固，经明、清至民国，各家各户基本上都知道自己祖上是"军里"或"民里"。中华人民共和国成立后，随着农业合作化的发展，这种影响逐渐消失。古城营村2004年—2009年编写村志时，只有庙上（七队、八队）史姓人家知道自己祖先是宁化府的屯田编户，是军里。

明代古城村自从成为宁化王府屯里，修筑宁化王府堡城之后，村里人口明显增加，因有王府驻兵，古城村改为"古城营村"。清朝道光六年（1826年），官修的《太原县志》正式出现"古城营"村名。

古城营村文物古迹确实多，除了规模最大的九龙庙，还有两座阁楼也很出名，即南有文昌阁，北有真武阁，均始建于600多年前的明朝初年，历经改朝换代，沧桑烽烟。

明初朝廷数次大移民后，"归德村"更名"古城村"，村庄规模和人口都有了不同程度的发展，逐渐成为晋阳古城遗址一带的大村庄，为了弥补风水，在村南建起文昌阁，村北建起真武阁，皆宏伟壮观，成为村庄的两大门户。两座阁楼均基坐于太原县至太原府的官道上，楼下的圆门洞可南北穿行。

文昌阁位于古城村南面的官道正中，为二层楼阁式建筑，由底层楼基和上层楼阁组成，总高 10 米。楼基由砖石垒砌而成，原规模为东西宽 12 米，南北深 8 米，占地面积 96 平方米；楼基高 4 米，中间有门洞可通行车辆。上层楼阁面宽 3 间，入深 2 间，占地面积 36 平方米；其阁高 6 米，歇山顶，带前、后廊，四面有廊柱支撑，殿中设有神龛，塑文昌帝君坐像及二童子立像，墙上绘有壁画。文昌阁坐南面北，阁门面对村庄而开，阁前门洞两旁植有松柏。

清乾隆年间，村人对文昌阁进行了修葺、改建，将下层门洞的南面用砖垒砌，辟为财神洞；又增建东耳厅、西耳厅、东厢房、西厢房、山门、钟楼、厕所，并将 5 株古松柏囊括于院中。重修之后的文昌阁（改称文昌庙），总占地面积 720 平方米，仍以旧之文昌阁为主殿，两旁有耳厅、厢房、钟楼。20 世纪五六十年代，文昌庙（阁）先后被民校、队房、饲养院所占，大炼钢铁时铁钟被投入炼铁炉熔化，阁楼、山门、钟楼被拆，塑像被损毁，存留的财神洞、耳厅、厢房破败颓衰，年久失修，清乾隆四十五年（1706年）所立《军民两辨古城营免办一切杂差德政碑记》碑刻，也已破败。2004 年春，第四生产小队曾有人倡议重修文昌庙，未能实施。2021 年，村人集资，文昌庙终于重修如新，历史文脉延续传承，是古城营村人颇为振奋的一件事。

真武阁（又名玄武楼、元武楼），位于村庄之北庙西街的官道正中，与九龙庙相距300余米，其南为村庄民宅，其北为田野沃土。

真武阁也是二层楼阁式建筑，总高9.4米，由底层楼基和二层楼阁组成。楼基为砖石垒砌而成，占地面积135.4平方米。楼基中间磴砌有圆门洞，圆门洞东西宽3.25米，南北深10.8米，

△修缮后的文昌阁

△文昌阁壁画

当时官道车辆马匹都可通行。楼基之东有石阶和小阁门，可拾级而上至二层楼台。楼台地面全铺青砖，四周砌有花栏低墙，中央为二层阁楼。阁楼面宽3间，入深2间，高约7米，为歇山顶建筑，置有前廊，楼门正中悬挂"位极天"横匾。真武阁坐北面南，正面（南面）塑道教北方大神真武大帝坐像，坐像栩栩如生，真武大帝赤足披发，双脚踩龟蹬蛇，左手做弹指模样，两旁有周公、桃花女及十大天君的牌位。背面（北面）另开神龛，附祀白衣大士。二层阁楼的前面是宽敞平台，左右两面有走廊，楼基下西南隅建有一座小五道庙。

中华人民共和国成立后的农业合作化时期，真武阁曾为古城营第七生产小队的文化室，劳动之余，青年男女们在阁楼上吹拉弹唱，热闹非凡。"文化大革命"中真武阁遭到破坏，欣慰的是，建筑主体维持原样，两块残碑尚存。1993年，村人集资修葺真武阁，对台基、石阶、阁顶、门窗等进行维修；2000年又重塑了真武大帝及阁后白衣大士像，将两块残碑重竖于阁楼前廊，在阁楼后面（北面）开辟小块土地，栽植花草树木。2003年，重塑周公、桃花女、十大元君、楼下五道土地神像、阁东玉皇大帝神像，重新彩画真武殿，维修四周廊壁台基。阁楼前廊西面的《重修元武楼序》碑，为清光绪三年（1877年）所刻，可惜已裂为两截，东面《修玄武楼记》碑，碑体完整，但碑字剥落不可辨，村中老者言讲，此碑为明代碑刻。

如今，一南一北两座高耸的古朴阁楼旁，是绿油油的庄稼地和新建的大片民宅。稻浪翻滚，红瓦瓷砖，民宅与古建相融相依，呈现出新时代新农村文化繁荣、安宁富足的美好景象。

（申毅敏）

△真武阁

第十二章 | 九渠地亩
印证古村历史

　　古城营村村委会的档案柜里，保存着一套从清朝传下来的珍贵手抄本——《九渠地亩册》。有学者撰文指出，成书于乾隆四十二年（1777年）的古城营村《九渠地亩册》，是从水利灌溉角度理解地权分配的珍贵史料，很有研究价值。

　　明朝政府管理户口、向基层百姓征派赋税，依据的是《赋役黄册》和《鱼鳞图册》，前者为户籍管理手册，后者是丈量土地后的田亩清册。古城营村的《九渠地亩册》，是明朝田亩清册《鱼鳞图册》的延续。

　　宋元以来，地方官府安排差役，多是按户派遣；征收粮税，依据的是田亩多少。为此，官府多次采取措施清理田赋，以保证赋役来源和对百姓的严格控制，而地主富豪则千方百计逃避赋役，想把这些负担转嫁到贫苦农民身上。到了元朝后期，江南一些地方官员权衡利弊，吸取前代经验，推行《鱼鳞图册》，用以平均赋役，收到了一定的效果。

明朝建立以后，朝廷派使臣分赴全国各地清丈土地，核实田亩。具体做法是：官员到了州县，根据粮税的多少定为若干区；每区设粮长，再会集里甲居民，丈量每块工地方圆四围，绘制成编上字号的简图，同时登记户主姓名、田地土质优劣及方圆尺寸大小，最后编奏成册。由于册子上一块块土地的图形好像是鱼鳞一样，所以被称为《鱼鳞图册》。《鱼鳞图册》记录的内容以耕田为主，其他用途的土地如坟地等也有注明；如果有出卖土地者，税银随契约过户，各州县年终统一造册解府。这种《鱼鳞图册》制度的推行，使征收税赋有了依据，有利于堵塞"产去税存"的不合理现象，同时也清理出不少隐匿的土地，使封建朝廷的税赋大大增加。

打开古城营村的《九渠地亩册》，我们看到，这是用小楷书于麻纸上的手抄本，成书于清乾隆四十二年（1777年），距今240余年。该册是清朝的古城营村为杜绝蒙蔽、侵占土地而编写，按户逐段清查每块耕地的长宽、亩数、四至，按智伯渠古城营段的九道支渠所浇灌耕地来划分，共编辑为9册，并外置函套，保存至今。

古城营村在明朝（当时叫古城村）有无《鱼鳞图册》不得而知，但《九渠地亩册》与《鱼鳞图册》异曲同工，一脉相承。《九渠地亩册》的9册分别是：五府河册、柳树河册、沙圪梁河册、辛大仁河册、新河册、莲花河册、中渠河册、南沙河册、大南河册。每册均按经过仔细清查的户主名录登记，内容有每块耕地的长短、亩数、四至，我们摘选两例，会有更加直观的了解。

如"张廷柱闫家凹地一段：系东西畛，长玖拾肆丈，阔叁丈叁尺，共丈叁百壹拾丈零贰尺，折地伍亩壹分柒厘。东至顶畛，西至道，南至九龙庙，北至陈章"，"杨应鳌盖地一段：系南北畛，长贰拾丈一尺，阔柒丈贰尺，共丈壹百肆拾肆丈贰尺贰寸，折地贰亩肆分壹厘贰毛。东至韩保元，西至张印旺"，等等。

△《九渠地亩册》

编造该册的目的，《九渠地亩册》前面的"序"说得很清楚："从来地主屡有更换，亩数总无改移。本村九渠地亩代远年湮，不无朦胧侵占之弊。爰是禀官请示，矢公矢慎逐段清丈，按长阔而定亩数履亩确查，开四至而正经界，书名、书地、书丈、书亩，以杜侵占之弊，以垂永久之稽。清造地册藏于公所，聊为阖村之小补云尔。时大清乾隆四十二年岁次丁酉季冬谷旦。"

《九渠地亩册》为函套装，成书之后一直由村公所、村政府、乡政府（1953 年 11 月至 1956 年 3 月，建置有古城营乡）、生产大队、村委会收存，几乎不为外人所知。20 世纪 80 年代初，太原市南郊区晋源镇党委办公室主任李国栋（任古城营村原党总支副书记）因工作之需，将《九渠地亩册》带至镇政府，后来南郊区民政局地名办公室进行地名普查时，需要《九渠地亩册》做参考，先取走《九渠地亩册》一用。时至 20 世纪 90 年代后期，古城营村的张德一（时为南郊区政协委员，后为山西省文史研究馆馆员）发现该资料在南郊区政府收存，遂将其借回，又通过村党总支副书记张盛开具证明，方使《九渠地亩册》失而复得，重归古城营村所有。2004 年村里编写村志时，编志人员将《九渠地亩册》内容全部录入村志。《九渠地亩册》是比较罕见的地方资料，弥足珍贵。册中所录地名，多与晋阳古城时期的城垣、建筑、遗址有关，为了对晋阳古城多一些了解，我们选择《九渠地亩册》上的一些地名，并简单加以解释。

城墙地：古城营村叫城墙地的共有 3 处。一在大明城遗址西，当是大明城的西城墙；二在仓城遗址北，当是仓城的北城墙；三在村庄东北邻近东关村处，与视汾楼、东阳旱地南北成一线，当是西城（外城）之东城墙。

紫城地：在大明城遗址正中，大明城是因北齐后主高纬筑大明宫得名，相传五代石敬瑭、刘知远等亦住此，故名紫城地。

上丹墀地、下丹墀地：在大明城遗址中，顾名思义当是古代宫殿丹墀遗址处。丹墀指古时宫殿前的石阶，因其以红色涂饰，故名丹墀。

殿台地、小殿台地：均在大明宫遗址中及附近（西面），当是宫殿遗址处。旧时村人在此处曾挖出铺地方砖。

王营圪垛：地处大明宫遗址中东北方向，相传此处旧为皇室御林军驻扎处，故名。

城壕地：古城营村叫城壕地的共有3处，分别在大明城遗址的东面和南面，其地势明显低洼，当是大明城外之城壕遗址。

官园地：在大明城遗址的东面，相传五代北汉刘钧曾于此处修筑勤政阁，周围多植柏树，系官家花园，故名。

东园子地：在官园地东面，得名原因同上。

西门道地：与大明城遗址西面的城墙地相邻，当因位于大明城西城门遗址之外而得名。

南门道地：处大明城遗址南面城壕地之北，当因位于大明城南城门遗址之外而得名。

苍龙地：在大明城遗址西南方向，相传系古代苍龙楼遗址，金代元好问有诗"东阙苍龙西玉虎，金雀鹠稜上云雨"。村人俗称此地为"仓儿地"。

圪旮地：古城营村叫此名的共有3处，一为大明城遗址西南隅，一为大明城遗址西北隅，另一处在仓城遗址的东北隅，均在城墙遗址内的拐角之处。

马道地：在大明城遗址之西，相传此处旧为古代车马行走之处，故名。

车道地：在晋阳西城遗址的东面，靠近东关村，相传旧为车马行走之处。

夹巷地：古城营村叫夹巷地的共两处。一在今学校与五队（旧称杨房）之间，二在今九队（旧称后营）住宅区之北，与鱼沼地相邻。相传乃旧时宫殿与里坊之间小路。

门墩地：在今七三公路西段路南10余米处。据考，此处为仓城南门遗址。四五十年前还有东西走向的城墙遗址，1970年平田整地时被毁。

铁窑地、铁沙地：在大明城遗址之西，两地紧相邻，传为古代冶炼金铁之处。

楼儿园：在今文昌阁附近，与槐树园、桑树地相近。相传此处旧时有楼阁，有园林。

槐树园：与楼儿园、桑树地相近。相传为古代槐树集中地，故名。

桑树地：与楼儿园、槐树地相近。相传为古代桑树集中地，故名。

石堰地：距槐树园不远，相传此处旧有高大建筑。中华人民共和国成立初期，这里尚遗许多石条。

石窟地：在晋阳西城遗址中南部，大明城遗址东南。顾名思义当有石窟，待考。

老玃窝：距石窟地不远，传为古代饲养禽兽动物之处。

小水地、二水地、三水地、上三水地、六水地、上六水地：以上诸处地分布在大明城遗址之东南、仓城遗址之东北、新城遗址之北等方向，均为古代六部九卿、官衙府署之遗址。地亩册上"水"字乃"府"字之别字，古城营方言"水""府"不分。

土北门道：与马圈渠相邻，据考为隋建新城（一名晋阳宫）北门"元德门"。其处在民国年间时高于其他地块，中华人民共和国成立后逐渐趋于一致。

刘花园：位于新城遗址之东，传为五代刘知远御苑。《九渠地亩册》无载刘花园，村人却言之凿凿。

鱼沼地：位于村庄之东北，传为唐代武则天曾经观鱼赏景的古代鱼池。

东阳旱地：位于村庄正东，与视汾楼、城墙地为一线，经考证，其处乃《永乐大典》所载晋阳"东阳门"遗址，其东即是东关村。

史黑子地：在仓城遗址之东北，相传此处为古代考核历史、编纂史册处，"核""黑"谐音，遂名。

胡教授地：俗称"苦教府地"，与史黑子地相邻。传系古代贡院胡姓教授之府宅遗址。

碑楼地：位于今村北沙河堰一带，仅是《九渠地亩册》有载，是为九龙庙香火地。当是九龙庙旧址，庙虽迁徙，其地仍属庙产。

武将地：俗称"武儿地"，位于真武阁之东北一带。当是古代武将府宅之遗址。

辛大仁地：俗名"辛旦儿地"，在隋建仓城遗址之中。相传为古代负责仓城粮草的辛姓官员府宅或办公场所遗址。

烟儿地：在仓城遗址中，相传为古代存放燃炭、柴薪之处。

口食地：在仓城遗址中的东部，相传为古代囤积粮食的仓库遗址。

马圈地：在仓城遗址中靠北部，相传为古代饲养马匹的集中之地，临近有马圈渠。

车辐地：在仓城遗址之中，相传为古代车辆集中之地。

塔院地：在今古城营小学之南的晋源二中所在地，传为古代惠明寺塔院遗址。

沙门地：在今晋源二中之南，相传隋代所建惠明寺的规模很大，其处乃寺庙山门之遗址。

官道地：在仓城遗址之西，因旧时大道、官道之遗址而名。西面称官道西地，东面称官道东地。

四方子地：在后营（今九队）以北靠近沙河堰处。相传此处旧为官府或衙门的建筑遗址，四四方方，极其规整。

将府圪垛：位于大明城遗址之西，邻近处有高河、高地，相传为东魏权臣高欢的"大丞相府"遗址。年湮代远将"相""将"讹传，还有人叫它"假府圪垛"。

杏树儿地：邻近将府圪垛，相传为古之杏园遗址。

……

《九渠地亩册》所录地名，多与晋阳古城时期的城垣、建筑、遗址有关，是研究晋阳古城的珍贵资料，同时印证了古城营村源于晋阳古城遗址的史实。

《九渠地亩册》是240多年前清朝地权分配的珍贵史料。《中国经济史研究》2017年第1期上，山西大学中国社会史研究中心的学者胡英泽、张力，撰文《清代山西晋水流域的乡村地权与水利——以乾隆四十二年古城营〈九渠地亩册〉为中心》指出，在灌溉农业区，地权与水利的关系非常重要，古城营村《九渠地亩册》是从水利灌溉角度理解地权分配的珍贵资料。

这两年，北京大学的教授也曾几次来古城营村了解考察《九渠地亩册》。相信随着学术研究的不断进展，《九渠地亩册》的史料价值必将得到进一步考证。

（申毅敏）

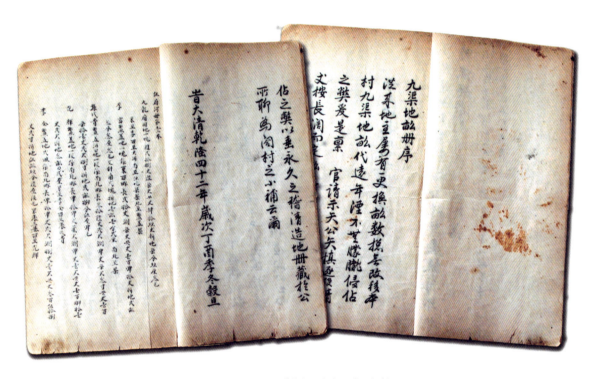

△《九渠地亩册》书籍

△抗战期间袭扰日军

第十三章│推翻帝制
土改翻身做主人

　　"王朝之兴，兹在于民；王朝之亡，亦在于民。"自清兵入关以来，中原大地的汉人被统治了二百余年之久，其间虽曾有过所谓的"康乾盛世"，但腐朽的封建统治最终还是走向了衰败。鸦片战争和一系列不平等条约的订立，使中国社会发生了根本的变化。甲午战争后，世界列强争先恐后地争夺在华权益，迅速形成了瓜分中国的局势，导致了民不聊生，从而引发了辛亥革命。

　　"驱除鞑虏，恢复中华，创立民国，平均地权"是同盟会为推翻帝制提出的口号，人们盼望着朝代更迭会带来新的生活。然而，孙中山领导的辛亥革命所建立的南京临时政府仅仅存在了3

个月，就被以袁世凯为代表的北洋军阀政府取而代之。频繁的战乱，沉重的负担，残酷的剥削以及严重的灾荒，广大民众更加处于水深火热之中。孙先生"耕者有其田"的愿望也化为泡影。

辛亥革命之后，阎锡山被推举为山西都督。他在全省范围内推广"六政三事"。随即，他又提出"行政之本在于村的'村本政治'"，建立以村为单位的行政区划网络。古城营是个大村，1919年至1940年，韩耀德任村长，村公所设在村中央的龙王庙。他在任期内于中华民国十八年（1929年）主持大修九龙庙，着手推动村级教育。

1931年，"九·一八"事变后，日本加紧了对华的侵略步伐。在中国共产党的敦促下，1936年9月18日，山西牺牲救国同盟会（以下简称为"牺盟会"）成立。牺盟会成立时宣言："不分党派，不分阶级，不分职业，不分贫富，不分性别。凡是愿意争取民众的生存与个人出路的人们，都团结在牺牲救国同盟会。来抗战！抗战到底！"同年11月，牺盟会特派员分赴全省各县，山西全省展开了一场轰轰烈烈的抗日救亡活动。太原县牺盟会特派员是慕湘（山东蓬莱人，实为共产党人，长篇小说《晋阳秋》作者）组织师生唱歌演戏，进行抗日救亡宣传。

1937年7月7日卢沟桥事变爆发后，中国进入了全民抗战的新阶段。同年11月8日太原城沦陷，太原县也成为沦陷区。日本人在太原县无恶不作，杀人、放火、抓壮丁、抢牲畜、抢粮食、强迫各学校增加日语课，到处烧杀抢掠，制造了多起骇人听闻的"血案"。1937年11月8日太原县城附近的"晋阳堡惨案"，使70余名伤残晋绥军遭屠，29名青壮村民被杀，绝户十门，尸暴横街，其惨悲天恸地。在沦陷的村镇，被抢、被烧的村民财产更是不计其数，使毁房失地的农民无以为生，流浪街头，饥寒交迫。

地处沦陷区的古城营村与太原县城近在咫尺，日本人及伪军、警察经常窜入，人民群众在侵略军的屠刀之下，过着暗无天日的生活。1937年深秋，日本军队向村里逼索粮款，村长韩耀德因古城营交不够稻谷（大米），被日本人抓走遭受刑罚。1938年6月7日清晨，侵占了太原县城的一队日军出北门，顺官道经古城营村，吓得老百姓纷纷躲藏。时有庙西街刘赖五没有藏好，被日本人开枪击中，当即死亡。1940年2月7日农历己卯年除夕黄昏，10余名日本人从县城来到古城营，在庙西街田湛霖的家里，抢供品和粮食。田湛霖想阻止，被日本人一顿毒打，后将人捆走。村维持会出面保人，又花费若干钱财，日本人才将他放回。1941年春，太原县城的日军、伪军突然包围古城营村，村人郭二货、田三洞避之不及，郭二货被日本人活活打死，田三洞侥幸留下性命。1941年秋，村长薛耀文逢日本人来要粮，便藏身躲避。日伪军找不到村长，将其家人赶出院子，在大门上贴上封条。整个沦陷期间，日本人严禁占领区的老百姓吃大米，古城营老百姓所种稻谷悉数被日本人抢走。附近南大寺村李二连因埋藏稻谷被杀害。

晋水之阳第一村

侵华日军实行全面奴化教育，古城营初级小学校改称"古城营新民初级小学校"，又在学校成立"新民少年团"，强迫学生学习日语，从小洗脑，美化侵略，粉饰战争。日本人教育中国学生说，他们进来是为了解救中国，造福中国，建立王道乐土，实现东亚共荣。实则，他们驯服中国下一代，目的是使其成为任由摆布的顺民和任人宰割的羔羊。

古城营一带的民风强悍自古成习。在晋阳城未毁时，民间就有"弓箭社"组织，专好习武打拳。五代时后周的开国君主郭威曾如此评价太原："山川险固，风俗尚武，士多战马。静则勤稼穑，动则习军旅，此霸王之资也。"太原民勇兵悍，再兼地利，在1000多年的时间里，从未有人能正面攻破这座城池。宋攻打北汉时，即使北汉国主刘继元投降，城内居民依然不肯归顺。元好问诗中说："薛王出降民不降，屋瓦乱飞如箭镞"，民众继续坚持抵抗，用砖瓦石片击打宋军，以至于宋太宗赵光义认为太原是一个"盛则后服，衰则先乱"的地方，必欲彻底根除而后快。

古城营村民嫉恶如仇，好打抱不平，虽喜斗，却睦邻。形意拳传入古城营村后，受其影响，好武者更多。在邻村人的眼里，古城营如同水泊梁山一般。村人刘德胜，高大魁梧、武艺高强、侠肝义胆，人称"狼二"。他带领一众弟兄啸聚山林，抑强扶弱。抗战期间，刘德胜对日本人的强盗行径恨之入骨，数次通过关系给西山上的抗日武装（孙占英武工队）运送子弹、医药等物品。后因只身营救古城营村长韩耀德，刘德胜中埋伏身亡。

△牺盟会部分成员在晋祠留念

　　1937年9月，我党领导的牺盟会，在太原县建立了第一支抗日武装——太原县抗日游击队，1940年12月，又组建了清太徐游击大队。古城营的张振华、杨华、赵保卫、任海根等热血男儿积极参加队伍，投身抗日武装斗争，转战于太原附近的游击区，在敌后不断袭扰日伪军，有力地配合了根据地反"扫荡"斗争，真正形成全民抗战的局面。抗战期间，这支队伍多次出色完成护送八路军重要领导人西去延安的任务。从1943年初到1945年8月，以晋绥八分区抗日军民组成的敌后地下交通线，先后护送八路军团以上干部 1000 余人到达延安，包括彭德怀、刘伯承、陈毅、黄敬等。此外，还护送奔向延安的爱国青年、鲁艺学生、国际友人等 2000 余人往返。

其中杨华（1923 年—1963 年），古城营村堡里人。1938 年参加革命，获"解放西北纪念章""解放华北纪念章"，1956 年获"独立自由奖章"一枚，1957 年获"三级解放勋章"。1958 年从部队转业，至天津拖拉机厂工作；赵保卫（1924—　），古城营村莲花池堰人。1944 年参加革命，1954 年荣获"一等战斗英雄"勋章，1963 年从部队转业；任海根（1907 年—1989 年），古城营村楼儿底人，抗日战争爆发后，参加革命，后因在战斗中负伤离开部队回家乡养伤。中华人民共和国成立后，古城营村对任海根老两口以"五保户"进行赡养。

一方水土造就一方人的性格，太原县城周边的群众，怀着对侵略者的无比仇恨和炎黄子孙的爱国情怀，克服一切困难，在古城内外燃起了全民抗战的熊熊烈火。

抗日结束后，国民党反动派全然不顾人民的和平愿望，公然挑起内战。山西的阎锡山集团在"上党战役"失败后，继续推行"兵农合一"政策，将 18 岁至 48 岁的壮丁每 3 人编为一组，1 人为常备兵入伍当兵。阎锡山集团仅在晋中就抓丁 7 万余人，为他充当炮灰；加上横征暴敛，致使土地荒芜，民不聊生，许多农民不堪重负，放弃份地，举家外逃。当时流行的俗语说："兵农合一好，地里长满草；兵农合一真正好，男女老少都跑了；兵农合一聚宝盆，家败人亡鬼吹灯。"

1947 年秋至 1948 年春，阎锡山将太原县改名为晋源县，推行"三自传训"（自清、自卫、自治），仅 1947 年 11 月和 12 月这两个月，阎锡山就在晋中各县残杀 3000 多人，其中就有女英雄刘胡兰、尹灵芝。

1947 年张德任古城营村村长，在他主持村政期间，受尽苦难折磨，每日要疲于应付阎锡山政权要粮、要款、要夫，苦不堪言。兵农合一制度推行后，古城营村大多数农民和其他地方的一样，有交不完的粮、捐不完的款。全村土地撂荒严重，30% 的农民失去土地，粮食产量也比抗战前降低了一半，仅有的一点收成，也被阎锡山搜刮一空。在那暗无天日的岁月里，古城营的村民们盼望着解放军能够早日打将过来。

解放区的天是晴朗的天，解放区的人民好喜欢，民主政府爱人民呀，共产党的恩情说不完……

与国统区的白色恐怖、黑暗统治不同，中国共产党领导的解放区却是一片欣欣向荣的景象。1948 年 7 月 20 日晋源县先于太原城得到解放，复称太原县。实行了一系列的民主政策，古老的县城获得了新生，人民真正翻身做了主人。1948 年 10 月，中共太原县委和太原县人民政府为了支援解放太原的战役成立支前指挥部，由首任县长李立功（山西省交城县人，中华人民共和国成立后曾任中共山西省委书记）任总指挥，动员全县人力、物力支援前线。县里发动群众组织担架队、运输队，根据各村人口的多

△运送粮食支援前线

少分配任务，为部队抢救伤员，运送枪炮、子弹、粮食等军用物资。

古城营村当时属太原县一区管辖，村长孟振业积极响应政府号召，动员人民群众投入到支前工作中。古城营村的民兵队成立于1948年7月，支前时首任队长叫作高德胜。当时，翻身后的古城营村人民群众，为了保护胜利果实，许多人家把自家的门板都抬出来支援部队，还有的群众把自己的棺材板也抬出来支援前线了，出现了踊跃送军粮、送弹药、抬担架的感人情景。据统计，当时太原县"共出民工5.872（万）人次，担架598副，大车235辆，架桥7座，门板9.451（万）块，麻袋2.044（万）只，棺材482副，草席2.197（万）领，圆木2.427（万）根"，有力地支援了解放太原战争，保障了支前需要，维护了社会秩序，配合部队瓦解了太原的守敌，为彻底推翻阎锡山在山西的黑暗统治做出了贡献。

1949 年 4 月 24 日太原解放后，时任太原前线司令部参谋长的陈漫远曾回忆，解放区民工占太原战役所有支前民工的 75% 以上。徐向前司令员当时感慨地说，如果没有群众的这种支援，部队连饭都吃不上，还打什么仗啊！

古城营的经济长期以来是自给自足的自然经济，土地是村民赖以生存的最基本的生产要素。中华人民共和国成立前，由于连年战乱，加上军阀、日伪顽等反动势力残酷盘剥，古城营村优良的田地大部分集中在少数地主和富农手里，少数地主和富农私人拥有的土地最多为十几亩、数十亩，占全村整个耕地面积最多的高达 60% 至 70%，各主要姓氏宗族的田地，所占农田比例大多数在 30% 至 50%，有些村超过 50%，实际支配权也在地主手里，仅有少量的其他土地分散在中农和贫农手里，以至于许多村民一贫如洗。

中华人民共和国成立后，在党的领导下，古城营人民空前高涨地开展了轰轰烈烈的土地改革运动。消灭了延续 2000 多年的封建土地所有制，翻身做主的农民全力发展生产，区域经济迅速得到恢复和发展，人民生活水平不断提高。

古城营的土改工作是 1949 年 10 月开始的，分为组织阶级队伍、划分阶级成分、分配土地 3 个阶段。晋源县一区区长张学贵驻村指导工作，农协会的骨干有张海只、张映发、程富根等。土改的方针政策是：依靠贫农、雇农，团结中农，孤立富农，有步骤、有区分地没收地主所占的土地、农具和多余的粮食、房屋，宗族田连同地主的田地分给无地或少地的农民，并且采取各种措施，发放政府贷款，给农民贷种子、贷粮食、贷农具，帮助农民发展生产，引导农民互帮互助。

古城营村的土改自始至终由农会领导，农村根据阶级成分将全村土地进行清查丈量，将地主、富农剥削农民的土地强制性地按比例分给贫下中农，将地富多占的房屋财产（包括家里的摆设、衣物）、牲畜、农具一同按照比例分配给贫下中农，由人民政府统一颁发了《土地所有证》《房屋所有证》。经过反复评议，又经土改工作队、村政府领导多次研究，最后全村划定"地主11户，富户9户，上中农43户，中农148户，贫农283户"。

1950年12月土改结束后，古城营村在上级政府的领导下，由村人民代表会议组织选举，选出村长张映发，副村长张海只、秘书刘广义等3人，组成古城营村基层人民政权。土改使古城营村贫下中农人均土地由1.1亩提高到人均2.255亩，让农民"耕者有其田"的愿望得以实现，农民真正成为土地的主人，迈开了建设社会主义新农村的第一步。

（王钦）

△开垦耕地

第十四章 | 互助合作
民主政府聚民心

　　1950 年 6 月，新中国刚刚诞生不满一年。百废待兴、百业待举，全国人民响应党中央的号召，为争取国民经济的根本好转而努力工作，全力医治长期战争造成的创伤，恢复凋敝的国民经济，重建美好家园。但是，国际形势不容乐观。美国政府从维护其全球霸权出发，武装干涉朝鲜内战并派其海军第七舰队侵入台湾海峡，并且不顾中国政府的严正警告，将战火烧到鸭绿江边，给我国东北边境地区的人民生命财产造成了严重损失。朝鲜战场形势的突变，使我国的国家安全受到严重挑战，国家利益受到严重损害。应朝鲜党和政府请求，1950 年 10 月，党中央毅然决然作出历史性决策：抗美援朝，保家卫国！

此时，各地还潜伏着一些国民党派遣特务和各种反革命分子。当美国在朝鲜仁川登陆的时候，有地主对农民大放谣言说，美国已打过来了，国民党就快要回来了。有些地主还恫吓已分到房屋的农民，要农民好好地替他们保护房屋，不要弄坏，等等。

在这特殊时期，坚决镇压一切反革命活动，严厉制裁一切危害人民的反革命分子，成为巩固新生的人民政权，巩固和发展中国人民胜利成果的紧迫任务。根据上级安排，古城营村紧密配合上级部门进行镇压反革命，打击土匪、特务、恶霸、反动党团骨干和反动会道门头子，取缔反动会道门等工作，基本上肃清了旧社会遗留的残余反动势力，为巩固新生政权，保证土地改革和经济恢复工作的顺利进行提供了保障。

在这场关乎新中国安危的保家卫国战争中，古城营村党支部和村政权积极响应上级号召，广泛发动群众，村民爱国热情空前高涨。党团员及干部们带头捐献香烟、旱烟、毛巾、牙粉等慰问品100余件。积极参军参战成为广大农民群众的迫切要求和强烈愿望。古城营村到处都可看到父母送子、妻送郎、兄弟争着参军参战的动人情景，全村共有50余名青年积极报名参军。参加抗美援朝战争的有张保元、高德胜、赵三保、刘三喜、韩计海、张纯光、张顺锁、董东有、刘福中、李三赖、田会生、韩贵娃、陈正明、史富恋等，其中高德胜二次参军入伍。此外，村党支部号召大家开展生产竞赛、增产节约等活动，有力地支援了抗美援朝战争，为抗美援朝战争的胜利作出了古城营的贡献。

与此同时，党支部还根据在土改中分得了土地的贫苦农民由于生产资料普遍不足，单干的生产力太低，一遇上旱涝天灾，难以抵抗等实际情况，因势利导，带领越来越多的贫雇农走上了互助合作的道路。

古城营村的第一个互助组是 1951 年春天出现的，由共产党员张映发发起成立。组员们实行互助、变工劳动、以工换工，相互之间互补互惠，相得益彰。那一年，每亩地的产量都超过了200 公斤，比单干户的亩产 150 公斤，提高了 30%—40%。1952年 6 月，古城营村程富根互助组培选出了小麦优种，这是古城营

△互助除草

村农业合作史上的一件大事。1953 年和 1954 年，古城营乡相继成立了迎泽、公益、五一、五五 4 个初级农业合作社。到 1955 年粮食平均亩产 265 公斤，比办社前增产 38%，社员户平均收入比单干时提高了 14.6%。1956 年 2 月底，随着国家"一化三改造"任务的完成，古城营村的高级农业生产合作社把农民的土地实行无偿转为集体所有，太原市人民委员会将其确定为太原市蔬菜生产基地，新成立的高级社遂定名为"太原市晋源区迎泽蔬菜农业生产合作社"。

从互助组到初级社、高级社、人民公社，古城营乡逐步实现了农业集体化。农民在互助中提倡"人合心、马合套""工换工，不放松"，推动了生产的发展，农业合作进一步释放了劳动生产力。从 1956 年、1957 年的年终收入和分配对比中，可以明显地看出农业合作化的优越。

随着农村经济管理体制的不断调整变更，古城营的行政管理运行体制也随之调整变化。1953 年 11 月 26 日，古城营乡人民政府成立，乡政府除生产、劳动、优抚、救济、征兵、教育、卫生、治安等日常工作外，还积极发展初级农业合作社等工作。1956 年 3 月，撤销古城营乡政府建置。1958 年太原市郊区成立了 19 个农村人民公社，古城营大队隶属于晋源人民公社。

古城营无论是"乡"还是"大队"，均是一级基层政权。古城营村北的太原县风峪沙河段，原为晋阳古城西城护城河遗址，晋阳城毁后风峪洪水四处分流，逢雨季汛期亦有洪峰从此流经。

晋水之阳第一村

从清初至中华人民共和国成立的近 200 年间，风峪沙河坝堰年久失修，屡屡发生水灾。1955 年 8 月 8 日，太原西山地区突降暴雨，风峪沟山洪数丈，合渠滩（古城营村北沙河上游）决口，村中楼儿底、寨儿底、莲花池堰、官道地、杨房的民房进水，屋内淤积胶泥近尺。古城营乡政府和区水利部门，组织带领群众取直河道、将古城营河段河南移、重修风峪沙河坝堰，治理了水患。古城营成立人民公社后，通过劳动力投入，进行了有效的农田基本建设，植树造林，环境建设。古城营村建了敬老院，大部分孤寡老人被送到敬老院集中供养，其他无依无靠的老人、孤儿、残疾人则实行"五保"——保吃、保穿、保住、保教（指孤儿）、保葬。

为进一步做好拥军优属工作，帮助烈军属恢复生产，古城营村开展了优抚烈军属活动。对入伍参军的战士、村代耕组和军人家属三方作出明确具体的要求，以"合同"形式固定下来，以解决军人的后顾之忧。对军烈属和在乡的二等以上革命残疾军人，实行代耕优待，其形式有工票制、派工制、包耕制和固定代耕制等，直接鼓舞了前方志愿军指战员的斗志与士气。

古城营村委号召大家积极参与爱国卫生运动，提出卫生工作要面向农民、面向农村、为农业生产服务。1956 年 10 月，古城营村保健站正式成立，制定了面向生产、面向贫下中农、送医送药上门的办法。他们坚持实行预防为主，防治结合；坚持亦农亦医，一面防病治病，一面参加劳动；坚持自力更生，勤俭办社；坚持生产合作社出公益金与补助相结合等各种规章制度，极大地解决了农民的医疗问题，使白喉、伤寒、天花等流行性疾病基本上得到控制。当时孕产妇比较容易患的"产褥热"和"四六风"等也基本得到控制，安全生育率达到了98%以上。

经过一系列的努力，古城营村逐步形成了集预防、医疗、保健功能于一身的三级（县、乡、村）卫生服务网络，基本上实现了"小病不出村、大病不出乡"的目标。据村里的老人们回忆："解放前是请医如拜相，买药贵如金，穷人有了病，小病扛，大病躺，重病等着见阎王。解放后是人民的医生为人民，送医送药走上门，社会主义就是好，全靠共产党来领导。"

（王钦）

△挖渠引水

第十五章｜备战备荒
盐碱之地变良田

　　20 世纪 60 年代，中苏关系对立，毛泽东主席向全国发出了"全民皆兵"，"备战备荒为人民"，"深挖洞、广积粮"等一系列重要指示。

　　古城营村作为重文尚武的大村社，高度重视民兵工作，到了备战时期，村里的民兵工作更是搞得有声有色，轰轰烈烈，基干民兵队伍除巡逻、值勤、维护社会治安外，还经常进行军事训练。1969 年珍宝岛事件发生后，古城营生产大队民兵连经公社党委及武装部批准改建为民兵营，同时奉命开挖简易战备防空洞，共动土 3000 余立方米，挖防空洞长 2000 余米。

村里的老人们都说，20世纪六七十年代是一个火红的年代，是一个激情燃烧的年代，是一个自力更生、艰苦奋斗的年代，是一个为中华民族伟大复兴奠基的年代，是一个坚定不移地走社会主义道路的伟大时代。

"一花引来万花开，学习大寨赶大寨……千难万险脚下踩，自力更生齐奋斗，大寨精神放光彩。"《学大寨》主题歌曲曾风靡全国。古城营大队深入贯彻党中央部署，全面兴起"农业学大寨"热潮，先后3次组织大队干部、小队干部及一些党团员、积极分子赴大寨取经，人数达500余人次。1965年大队开展平整土地、治理汾河、园田化打深井、农业科研、发展养猪业、村庄规划与集体建房等工作。1966年春，全大队组织劳力平整寺东稻地，在平整土地的基础上用片石、沙灰泥修建防渗渠道15000余米。1969年冬，大队组织劳力平整沙河堰南一带的盐碱地、潮湿地，改良为标准稻田，使全村水田增至1120亩。1970年大队派刘根玉、李国栋、刘桂花3人赴省农科院学习"920农作物催长素"的培育技术，随后又成立了科研组，培育蔬菜新品种。他们实行科学种植，全村的高粱地一改以往种伞儿头那种搭穗的习惯，全部改种上优种密植的新品种，亩产近1000公斤，使古城营的粮食产量提高了许多。

曾经，古城营村沙河堰底的马泉地、六府地一带地势低，表土层浅，熟化程度差，土壤盐碱重，有机质少。三四百亩盐碱地很难种苗，几乎没有收成。就是少数能长庄稼的土地，粮食亩产也只有百把斤。旧时这里虽有一条退水渠，但也多年淤塞，河道不通。村里在改造盐碱土，建设高产稳产农田的过程中，充分调动广大社员的积极性，自力更生，巧干苦干，制定了大中小沟，彻底整治的水利规划，加快了排盐速度，解除了涝、渍、碱的威胁，使得土壤迅速脱盐，产量稳定上升。他们组织群众把马泉渠深挖展扩，"盐随水去"，把数百亩盐碱地改良为高产稳产的好地。后来又在马泉渠两岸的渠堰上及其他田头路旁种树补绿，保证了改造盐碱土工作的顺利进行，粮食产量越来越高。1975 年开始，太原市南郊区治汾指挥部组织平川 8 个人民公社对汾河进行分期治理，加固堤坝，使境内河流基本稳定，不仅空出滩地 2 万余亩，还使 10.3 万亩耕田免受洪灾。古城营由杜毛清带队参加了治汾大会战。

"谁说女子不如男？"值得一提的是铁姑娘战斗队队长张连凤，她带领大家学习大寨铁姑娘战斗队的革命精神，不怕苦不怕累，与男劳力一同参与了清淤马泉渠、老虎沟平整地、管子道打深井、砖窑上搬砖坯等劳动生产，得到群众的好评。

此外，20 世纪 70 年代，古城营大队一共接纳了 57 名城市知识青年。插队知青在古城营与贫下中农同吃同住同劳动，不仅锻炼了意志，而且与这里的村民结下了深厚的友谊。

（王钦）

△修沙河堰

第十六章 | 改革开放
古城营焕发新活力

　　中国波澜壮阔的改革开放事业，发端于农村，起源于农业，肇始于农民，并由"三农"领域逐渐波及工业、城市和经济社会的各个层面。而农村的改革则是以家庭联产承包责任制为主轴来推行。"交够国家的，留足集体的，剩下都是自己的。""大包干，大包干，直来直去不拐弯，既省事，又简单，干部群众都喜欢。"

　　农，天下之大业也。"包产到户"是中国农村改革的标志。这种以家庭承包经营为基础、统分结合的双层经营体制，让农民获得了生产经营的自主权。统分结合的双层经营，为现代农业的发展和农村生产力的提高夯实了制度性基础。

古城营大队的家庭联产承包责任制就是从 1983 年开始的。在坚持生产资料归生产队集体所有的前提下，古城营大队因地制宜，对大队、生产队的林场、树木、农科站、仓库、各种农用和加工机械等，制定了由主管单位和管理人员协商确定管理报酬以及成材后分成办法。对农田基本建设，继续坚持统一规划，综合治理。这些举措，既尊重农民的需求，又激发了广大农民劳动的积极性。古城营生产大队为了发展集体经济，从 1980 年至 1991 年连续办起古风煤矿、二队塑料厂、大队预制厂、一队轧材厂、学校涂料厂、十一队轧钢厂、七队印刷厂、古城营化工厂、古城营永磁材料厂、唐古涂料厂、古城营炼钢厂 11 个集体企业，另外还有 5 个民营企业。20 世纪 80 年代中后期，古城营党总支和村委会紧抓改革开放的大好机遇，挖掘村办企业潜力，振兴古城营的集体经济，先后组建了经济联合社、农工商联合总公司。古城营大队将各小队、各企业的经济联合凝聚到一起，谋求更大的发展，产生更大的效益。

经过 40 年的改革发展，古城营村民们的衣食住行，也同全国人民一样，告别了票证时代，发生了可喜的变化。

一是穿着打扮多样化。

从清末至民国，一般农家男子夏穿单、冬穿棉、春秋两季为夹衣裤；穷人出于节省，将棉袄裤的棉花取出，就成了夹衣裤或单衣裤。中华人民共和国成立后，服饰的样式有了变化，有中山装、干部服、学生服等，但农民仍然衣衫破旧、补丁不断；穷苦人家在 20 世纪 60 年代以前不知秋衣、毛衣、绒衣为何物，冬天不穿袜子。人们买衣服要凭布票，色彩和样式单调。映入眼帘的，千篇一律的是灰色中山装或蓝色解放装，被形容为"蓝色的海洋"。那时黄军帽、白衬衣、大裆裤、白底白边懒汉鞋、军挎包是太原后生的标配。改革开放以后，人们的服饰在急速变化，穿衣打扮讲求个性和多变，很难用一种款式或色彩来概括时尚潮流，强调个性、不追逐流行本身也成为一种时尚。

二是吃喝讲究营养保健。

改革开放 40 余年，古城营老百姓感受最深的莫过于自家餐桌的变化。20 世纪 60 年代末至 70 年代中期，人们讲究节俭，午饭多以高粱面用咸菜就饭。分田到户以后，古城营的人再也不为缺少粮食而担忧，而且一日三餐的饭食由粗变细。再后来，饮食的极大丰富，促使人们的饮食习惯由原来的饱餐型向营养型、新鲜型、简便型转变。

三是住房讲究舒适美观。

从清末至中华人民共和国成立初，古城营村人的住宅多是表砖房，四明砖柱房、土坯房。家境好一点的住着表砖房和四明砖柱房。一般是一家多口人，甚至老少三代一起吃、住、生活。人口多、住宅面积小是当时古城营最常见的普通居民生活状况。改革开放后，村里建房的人多了起来，而且一改以往四明砖柱、表砖房之旧俗，全部是里外皆砖的实砌房。再后来变化更大，前后套间、小二楼、三楼、里外瓷砖，屋顶全部为钢筋水泥结构。

四是交通通信现代化。

在 40 年前的古城营村中，自行车是主要的交通工具。当时人们出行的交通工具，除了公交车外，绝大多数都骑自行车或步行。那时，有一辆自行车的感觉不亚于现在有辆轿车。改革开放后，私家车逐渐出现，越来越多的寻常百姓把轿车当作自己生活、出行、谋生的现代化工具。手机更是成了人人都离不开的通信工具。

古城营村实行家庭联产承包责任制后，由单一经营粮食、蔬菜转向农工商多元发展，无论办企业、跑运输、经商做买卖、种温室大棚、机械修理、经营花卉苗木……种种服务，开拓了适合古城营发展的道路。

在改善生活的同时，古城营村"两委"坚持把实现好、维护好、发展好最广大人民根本利益作为发展的出发点和落脚点，尽力而为、量力而行，进一步完善基本公共服务，增强了人民群众获得感、幸福感、安全感。

古城营村坚持以人民为中心，聚焦公共服务提升，补齐教育、医疗民生短板，在发展中改善公共服务质量。村里开展了"百村景区化、三年大变样"的二期工程。古城营村逐步完成了 4068 户煤改电工作；农村改厕 2075 户；完成并修好了村外的"四好"公路 12 千米，村内道路 47 千米；投资 270 万元，翻盖新建了幼儿园；投资 300 多万元，进行小学教学楼的加固；投资 120 万元，新建初中宿舍 900 平方米；恢复了 839 路公交车的通行；安装 2700 盏路灯；扩大了苗木、花卉、蔬菜产业；完成晋祠泉域水源置换工程；完成 2 万米农业灌溉水渠；完善了低保、"五保"供养、灾害救助、慈善救助、抚恤补助为一体的救助机制；完善了村级公共文化服务中心、农家书屋等文化阵地建设；全面落实到位各项惠民政策，确保了困难群众生活救助全覆盖，提高了人民群众的幸福感、获得感、安全感。

回首改革开放 40 多年来，古城营村民从吃不饱到吃得好，从"老三件"到"新 N 件"。从土坯房到小洋楼，从黄泥路到水泥路，从"小病拖大病扛"到新农合的医药费报销……人们分享着改革的红利。

（王钦）

△硬化路面

△铺设管道

△改造后的古城营村一角

第十七章｜崇文重教
文化护佑古城营

古城营村以其特有的深厚的历史底蕴和独特的民情风俗魅力，被世人称为太原的"龙脉"之源。

"俺村不能起坟，不能深翻土地，甚至不能打井修渠。一句话，不能搞啥基本建设。"问起古城营村村民村里的规矩，几乎都能说出几句这样的话来。这无须诉诸文字的村规民约，已成为村民长期固守的规矩与习惯。正是这一个个"不能"，让举世闻名的晋阳古城遗址得到了保护。除了这些令人尊敬的规矩，古城营村村民大多还有着难能可贵的文物保护意识。每每看到有陌生人在遗址附近转悠，或抠摸彩陶残片，村民就会警惕地上前打问，

△ 1988 年赵卿墓发掘现场　　　　△ 2001 年西北城角发掘现场

不许带走。村民们没有任何报酬，却义务看护遗址。还有一些村民经常参与考古挖掘工作，有的还成了"土专家"。古城营村村民把晋阳古城遗址视为弥足珍贵的精神家园，用他们多年的坚守，自觉担当晋阳文明的守护者和传承人。他们把对晋阳文明的尊重之意和敬畏之情，化为保护文物的历史责任和自觉行动，约定成俗，代代相传。面对困难，古城营村百姓在理解的基础上，把保护古城遗址视作自己的天职。

1955 年，考古工作者在古城营村附近发现了 30 余件石刻造像，造型别致。1962 年，考古工作者在晋阳古城地区发现了数段古城墙和 3 座小城遗址。一是罗城村附近的罗城遗址，相传为北汉所建；二是晋源镇西北古城墙出土的唐代遗物；三是南城角村和古城营村一带的古城址，相传为大明城。现存南城角村为"L"

△晋阳古城二号建筑基址

形，依古城西南角之势建成。遗存城南墙东西残长 626.4 米，西墙长约 2700 米，从资料和东城角的方位来看，古城长约 4500 米，根据夯土的质地、色泽和夯法，专家认为是东周时期的城墙遗址。对待这些重大的考古发现和文物遗存，村民们一是积极配合工作，同时更承担起看管守护的责任。

1998 年，晋源新区成立。古城营的村民们翘首以盼新区地址能选在本村，起初这里也作为新区建设的备选之地。国务院在批准成立晋源新区时，明文指定晋源区人民政府的所在位置是晋源镇，而晋源镇的核心部位又恰恰处在方圆 20 平方千米的晋阳古城遗址上。晋阳古城遗址能否得到有效的保护，直接关系到太原人民能否在中华民族的伟大复兴中理性地传承和弘扬好极具特色的优秀传统文化。如果在晋阳古城遗址上大兴土木，规划建设晋源新城，就有可能让辉煌了1500多年的历史古城遗址遭到难以弥补的破坏，而晋源新城的规划建设直接关系当地百姓未来生存发展的前途命运。面对这种两难的选择，晋源新区党委、政府只能把这道试题交由利益攸关的古城营村和东关村成千上万的村民来解答。

难能可贵的是，通过几次有上百名党员和村民代表参加的大会，大家搞清了保护国家重点文物和人类文化遗产，对于传承优秀传统文化，实现中华民族伟大复兴的重大意义和特殊价值后，古城营全体村民以大局为重，全力支持新区党委的决定。许多村民说，我们既然是保护和传承优秀文化的受益者，就应当以爱国爱家大情怀，积极为国家、为社会的文明进步做贡献。正是由于有了当地民众的理解支持和无私奉献，才使得之后新城规划选址工作得以顺利进展。最终，区党委、政府选址在距离晋阳古城遗址南面200米，与晋阳古城、明太原县城同在一条中轴线上，按照"龙脉渊源，盛唐风韵，城中有景，景中有城"的规划设计理念建造出全省独一无二、全国也少见的文景融合的晋源新城。

晋阳古城遗址是实证5000多年文明史的核心文物资源，是太原建城2500多年的历史源头。它是春秋至唐、五代建造的一处大型城市文化遗址，由城池遗址、宗教寺观遗址和墓葬埋藏遗址三部分组成，总面积约200平方千米。2001年，晋阳古城遗址被列入全国重点文物保护单位；2006年晋阳古城遗址列入

"十一五"全国 100 处大遗址保护总体规划；2010 年获国家考古遗址公园立项，"十二五""十三五"时期均列为全国重点保护的 150 处大遗址之一。2021 年 11 月 18 日国家文物局发布《大遗址保护利用"十四五"专项规划》，同时再次公布了"十四五"时期纳入保护的大遗址名单，全国 150 处，其中山西省有 5 处：陶寺遗址、侯马晋国遗址、曲村—天马遗址、晋阳古城遗址、蒲津渡与蒲州故城遗址，太原晋阳古城遗址赫然在列。随着"晋阳古城遗址文化公园"的筹建，相信晋阳古城遗址将会再次惊艳世界。

古城营村是古晋阳城的所在地和三晋文明的重要发祥地。对于"龙脉渊源地，汉唐风韵存"的古城营来讲，赓续文脉，传承文明的基因是留存在每个村民的血液之中的。无论历朝历代对晋阳古城的守护，还是 2009 年《古城营村志》率先编修，都彰显着古城营人对中华优秀传统文化的执着与坚守。

《古城营村志》是山西省首部村级单位编撰的志书，资料翔实、学术严谨，具有史料价值。《村志》梳理了晋阳文化的脉络，不仅叙述了古往今来古城营的历史沿革和变化，而且对教育启迪后人和古晋阳城遗址的大规模发掘有着极为重要的参考价值。

除此以外，古城营村对于保护各种物质的和非物质的文化遗产是十分重视的。

"九大套"是山西太原地区的传统吹打乐。古城营的高家班民间吹打乐，在唐代就进入了成熟阶段，到明、清两代更进入乐器齐备、乐曲丰富的兴盛时期。其艺术特征表现在既有对古晋阳民间乐曲的继承，也有对民间歌曲、小调等艺术种类的广泛吸收，因而具有曲乐形成的多派性特征。据传，"高家班"曾是明代宫廷乐队，嘉靖年间，重臣王琼身故，灵柩返回故里太原，皇帝特准宫廷乐队迎送亡灵，并赐疙瘩锣开道，为其葬礼吹奏。后来，这支乐队定居在此，逐渐演变成民间乐队。高家班以吹打为主，唢呐有各种不同规格，由高、中、低音组成，其次有各类笙如扩音笙、十七簧笙等，打击乐有各种鼓、锣、水钹、铰子等，弹拉类有胡琴。曲牌种类繁多，可分为以下几类：

1. 民间古曲九大套，113 乐段，有《南路苦驻马》《楚江秋》《棉搭絮》《朝元歌》《月儿高》《驻云飞》《北路苦驻马》《北路楚江秋》《召歌塔燕》等；

2. 民间音乐大牌子曲 26 首，有《小扎鼓看灯山》《到春来》《到夏来》《到秋来》《到冬来》《女朝天子》等；

3. 民间音乐流水牌子曲 48 首，有《出兵排》《得胜鼓》《将军令》《牛斗虎》《喜鹊登梅》《大开门》等；

4. 民间敲打锣鼓曲牌 38 首，有《大头小尾》《怀玉兰》《小下楼》《画眉序》《普天乐》等，丝弦牌子曲 27 首，有《鬼扯状》《十样景》《朝凤》《大救驾》《小学艺》等。

1961 年，老艺人高忠才向政府献出了高家班祖传"九大套"全部乐谱（工尺谱）。原太原市南郊区文化馆将明代古乐九大套和 138 首唢呐及丝弦曲牌整理，全部译成简谱传承下来。古城营村一直支持保护着"高家班"的发展，高家班第七代传人高俊生，整理祖传曲牌，并使之发扬光大。

古城营村对发展村民的教育事业更是钟爱有加。清朝光绪年间（1875年—1908年），古城营村设有两处学塾，分别由楼儿底张秉成、庙西街刘午南两位秀才开设。两位先生人品端正，素为邻里所敬仰，他俩的学塾中除本村子弟外，还有一些慕名而来的邻村学生。1912年以后，又增加了刘锡祉、薛耀文、董启文几家私塾。1917年夏，古城营村的初级小学成立。村人郭延荣（庙西街人，国民师范毕业生）曾于中华民国八年至十年（1919年—1921年）在学校当国文教员。中华民国十一年（1922年），国民政府教育部颁布《壬戌学制》，强调义务教育，乡村的学校更为村民重视，古城营初级小学在读学生增至50余人。日本侵华时，古城营初级小学停办，不欲子弟失学的家长们以村长薛跃文牵头在薛家大院办起了私塾，聘请原古城营小学教师潘洲、郝谦为塾中先生。抗战胜利后，古城营初级小学改称国民学校，同年10月又增设了高小，成为完全小学，并改称"太原县古城营中心国民学校"。

中华人民共和国成立初期，为了改变广大农民不识字的状况，党和人民政府把"扫盲"运动的重点放在了农村。古城营村利用冬季农闲季节兴办"冬学"，出现了"村村有民校，处处读书声"的农民业余文化学习的热潮。"扫盲"工作实行"乡领导、社安排、队保证、小学辅导"的管理办法，大张旗鼓地开展

"扫盲"宣传教育，中小学师生组成"万人宣传队""扫盲突击队""文化宣传鼓动队"，开展"扫盲"宣传，在农村形成了浓厚的"扫盲"氛围。夜校利用小学校、庙宇、空院、田间地头，办"扫盲班"。从农民自己的姓名学起，然后学土地的名称，各种农活、农具和牲畜的名称，以及记账格式，较好地提高了群众的文化水平，也提高了群众的政治认识和生产积极性。古城营村的冬学是 1950 年办起来的，太原市派专职文化干部任计昌等进村开展"扫盲"工作。古城营村在莲花池堰的孙家大院，办起了村里的第一座冬学，经过将近一年的文化补习，学员全部结业。古城营村之后又陆续办起了 3 座民校，以山西省编印的《农民识

△ 1964 年古城营小学高十三班毕业留念

字课本》《速成识字课本》为教材，教村民们学习生活、生产中的常用汉字。1954年晋源区派文化干部潘琪来古城营村开展"扫盲"工作，推广"祁建华速成识字法"。古城营村参加"扫盲"和速成识字班的青壮年学员，先后达600余人，能坚持学习的基本能认识1000字左右，还学会了简单的算术知识，从前的"文盲"变成了能读书看报的文化人。

古城营村历来有尊师重教的传统，20世纪60年代、70年代数次修建校舍，尽力创造学校的良好环境。1986年和1995年村委会先后建设南、北两座幼儿园的园舍；1992年建起了晋源镇二中教学大楼；1998年又建起了古城营小学的教学大楼。一直以来，村"两委"持续加大对教育的投入，致力于办群众满意的教育，收到了良好的效果。数十年来，有许多从古城营学校走出的莘莘学子，成为建设国家的优秀人才。

（王钦）

△古城营村村干部在教师节慰问古城营中心小学全体师生

△古城营中心小学组织学生接受爱国主义教育

△带领学生参观晋阳堡"11·8"惨案纪念馆开展红色教育

△设立疫情防控检查站点

△配合医务人员开展核酸检测

第十八章 | 众志成城
信步踏上新时代

　　历史总是在经历了一次又一次的磨难中取得发展，人类总是在破解了一个又一个的难题中昂首前行。"非典"是人类在 21 世纪发现的第一个烈性传染病。2003 年，一场突如其来的"非典"，从南到北，席卷了大半个中国。2003 年 4 月下旬，北京、天津、山西、内蒙古、河北华北 5 省（区）市疫情严重，蔓延趋势不可预测，古城营村同样面临着"非典"疫情的威胁。在抗击"非典"的过程中，古城营村在上级党委、政府的统一部署下，全村老少众志成城、和衷共济、守望相助、共克时艰，全力抗击"非典"疫情，确保了全村"零病例"。

村"两委"（党委、村委）成员按照上级要求，始终坚守在防治"非典"第一线，积极构筑防治"非典"的严密网络，采取24小时监控、分级预警等多种措施，严防死守，及时把住关口、控制源头、阻断病源，筑牢阻击"非典"疫情的铜墙铁壁。对返村人员实行健康检测和医学观察，有效切断了病毒传播途径；对小型沐浴、旅馆、网吧、餐饮等9类场所进行关停；对学校、建筑工地等重点区域加强监督检查和预防性消毒；非本村人进村一律进行登记，并要当场测量体温，体温不正常者不得进村。同时，古城营村还采取了暂停婚丧嫁娶活动，防止疫情向农村扩散和蔓延；对流动商贩和出租房屋进行逐户登记；对频繁往来于城乡之间的人员，密切注意其身体状况，发现问题及时做出相应处理；对外来民工全面实行登记制度，做到米源清、数量清、分布清，采取坚决有效措施，控制疫情较重地区，对已经发生疫情单位的外来民工劝其返乡。经过大家的共同努力，古城营村防治"非典"工作取得了胜利，也为今后的防疫保健康积累了经验。

庚子（2020年）新春，新冠疫情再次袭来。这是一次危机，古城营这个拥有上万人的村社，全体村民积极响应习近平总书记的号令和指挥，坚决贯彻落实区委、区政府和街道的决策部署，按照"坚定信心、同舟共济、科学防治、精准施策"的总要求，全民动员、众志成城，一往无前、英勇奋战，全面打响了疫情防控的人民战争、总体战和阻击战。

古城营的防控疫情工作从1月26日（大年初二）开始，所有楼堂馆所均关门歇业；封闭各个单位、各小区的主要道路，禁止闲人出入，所有村民一出家门就必须戴口罩；不允许大操大办婚丧筵席；不许众人聚集。春节长假过后，各单位、各学校每天汇报自己的健康状况及有无外出。

古城营村"两委"领导班子在防控疫情中，采取果断措施：一是成立防控领导小组，对防护工作进行统一部署。大年初二，召开了大小队干部、全体党支部书记会议，部署了防控疫情的工作，做好了防控疫情的一切准备。二是设岗立卡，把好村口第一关。疫情期间，村里只留两个主道口出入（一为七三公路与东关村交界处，另一为村庄西南楼底街出村处），其余村路口于1月26日全部封闭。三是组建一支由村"两委"委员，各支部书记各小队队长、会计、党员先锋岗、疫情巡查队等91人组成的防控队伍，实行村"两委"成员24小时带班值班制度。四是组织防疫巡查队，进行地毯式排查。尤其对进村人员进行摸排、体温测量，进行隔离观察，把风险降到了最低。五是利用广播、微信等一切宣传工具，大力进行防控宣传。党员、干部带头，挨户下发宣传单、宣传手册等，使防疫工作家喻户晓、人人参与。六是在各队组织人员挨家挨户进行消毒的同时，村委又组织人员对村内大街小巷进行喷药消毒，进行防控应急处置等工作。七是要求春节期间回老家过年的外来租户人员延缓回村，村"两委"与226个宅院房东签订《保证书》，要求在疫情防控期间尽量劝阻外地租户回来居住。

　　按照晋源区突发公共卫生事件应急预案职责分工及具体要求，古城营村有力有序有效地推动疫情防控和各项工作开展，在"三线"作战中筑牢防控堤坝，在担当作为中守好"古城营阵地"。村"两委"人员扎实落实"分管＋包联"双重责任制，实时深入防控一线靠前指挥、督查指导，压实防控责任，检点防控举措，及时发现问题，现场协调解决。各工作小组集中一切可以集中的资源，动员一切可以动员的力量，各司其职，分兵把守研判、指导、消杀、救治、交通、物资、市场、宣传等各个环节、各个卡口，构筑起严防严控、联防联控、群防群控的坚强防线。全面强化以小区为单位的网格化管理，精准管控、细致摸排。古城营村"两委"主要领导还轮流24小时在村委会值班，处理一切突发事件。

　　他们不是医者，却保一方之净土，防疫情之蔓延；他们不是战士，却守万家于平安，固疫情之防线；危难时刻，他们坚守岗位；阻击疫情，他们冲在一线！广大党员干部始终牢记人民利益高于一切，党员干部始终迎难而上、靠前指挥、攻坚克难。进入5月下旬，新冠疫情在全国范围之内得到了有效的遏制。古城营村没有出现一例新冠肺疫病人，取得了防疫阻击战阶段性的胜利。

　　古城营村一手抓防治新冠肺炎这件大事，一手抓经济建设这个中心不动摇。

　　站在新的历史起点，村"两委"带领大家以乡村振兴为目标，围绕"稳"字抓粮食生产，围绕"优"字抓现代农业，围绕"美"

字抓乡村建设，围绕"活"字抓农村改革。在群众"最盼"上见真情，在群众"最急"上动真招，在群众"最难"上下真功。摸清"底子"，找准"路子"，开对"方子"。在"准"上下功夫，在"实"上做精细，在"好"上见实效。把每一件小事做好，把每一件好事做实，把每一件实事做优。

古城营村具有独特的区位优势、便捷的交通优势、丰富的资源优势、优美的环境优势，未来将依托明太原县城、植物园、晋阳湖公园、晋阳里、小太山的旅游，进行温室改造，实现种养结合。古城营村将注入金融"活水"，插上数字"翅膀"，提高绿色"含量"，汇聚智力"源泉"，打造集游览、采摘、观鱼买鱼、观光游玩为一体的鱼、菜、花、果、园的高效农业。古城营村通过对湖、田、林、村、水、山、路进行综合整治，促进"山美、水美、人美、田美、路美、村美"的美丽生态田园形成。

人们有理由相信，未来的古城营村将会是产业兴旺、生活宜居、生态文明相结合的乡村典范。到那时，人们将会看到：

文明美丽的古城营，发展方向更加明晰，建设"龙脉渊源，盛唐风韵，村中有景，景中有村"之美丽乡村，彰显晋阳文明之辉煌灿烂。

开放富裕的古城营，公共服务愈加完善，村容村貌愈加优美，风光旖旎、宜居宜游，成为一个让本地人自豪，外地人向往的地方。

崇尚实干的古城营，政通人和、百姓安居乐业、生活小康，迈上了生机勃勃、蒸蒸日上的美好幸福之路，村民的自信心、自豪感和凝聚力不断增强。

拼搏创新的古城营，村"两委"干部勇于担当、善于作为，以奔跑向前的思想觉悟和连续作战的斗争精神，展现出建设新农村的奋进姿态！

（王钦）

△梅芝园花卉市场

晋水之阳笑一村

参考资料：

郭丹、程小青、李彬源译注，《左传》，北京：中华书局，2012 年 10 月第 1 版

陈桐生译注，《国语》，北京：中华书局，2013 年 4 月第 1 版

缪文远、缪伟、罗永莲译注，《战国策》，北京：中华书局，2012 年 6 月第 1 版

（汉）班固著，《汉书》，北京：中华书局，2007 年 8 月第 1 版

（宋）司马光编纂，《资治通鉴》，长沙：岳麓书社，2012 年 9 月第 2 版

（清）赵翼著，王树民校证，《廿二史劄记校证》，北京：中华书局，2013 年 3 月第 1 版

钱穆著，《秦汉史》，北京：九州出版社，2015 年 12 月第 1 版

（汉）司马迁著，台湾十四院校六十教授合译，《白话史记》，北京：新世界出版社，2007 年 4 月第 1 版

（汉）班固撰，程新发译，《白话汉书》，成都：天地出版社，2020 年 8 月第 1 版

（宋）司马光著，萧祥剑主编，《白话资治通鉴》，北京：团结出版社，2021 年 3 月第 1 版

孙家洲著，《西汉朝廷"大洗牌"：汉文帝入继大统前后的政治博弈》，北京：中国人民大学出版社，2020 年 6 月第 1 版

刘铁旦主编，张德一编撰，《太原市古城营村志》，太原：三晋出版社，2009 年 11 月第 1 版

黄征主编，《太原赋》，太原：山西人民出版社，2004 年 5 月第 1 版

胡建林主编，《太原史话》，北京：社会科学文献出版社，2014 年 11 月第 1 版

太原市地方志编纂委员会编，《太原市志》精编版，太原：三晋出版社，

2011 年 7 月第 1 版

康守中主编，《太原市南郊区志》，北京：生活・读书・新知三联书店，1994 年 11 月第 1 版

王茂林主编，《今日太原》，太原：山西人民出版社，1985 年 9 月第 1 版

中国人民解放军太原军分区编，《太原军事志》，太原：山西人民出版社，2021 年 12 月第 1 版

山西省地方志办公室编，《山西民初散记》，太原：山西人民出版社，2014 年 2 月第 1 版

董云飞主编，《晋之源历史文化丛书》，太原：北岳文艺出版社，2015 年 8 月第 1 版

杨云龙主编，《太原改革开放实录》，北京：中共党史出版社，2018 年 12 月第 1 版

（宋）李焘著，《续资治通鉴长编》，北京：中华书局，2004 年 9 月第 1 版

乔志强主编，《山西通史》，北京：中华书局，1997 年 4 月第 1 版

陈河才主编，《三晋史话・太原卷》，太原：山西人民出版社、三晋出版社，2016 年 5 月第 1 版

陈振著，《宋史》，上海：上海人民出版社，2003 年 4 月第 1 版

张德一、贾莉莉编著，《太原史话》，太原：山西人民出版社，2000 年 12 月第 1 版

胡克毅、魏民主编，张德一撰稿，《晋源史话》，太原：北岳文艺出版社，2003 年 8 月第 1 版

南炳文、汤纲著，《明史》，上海：上海人民出版社，2003 年 4 月第 1 版

姚富生主编，张德一撰稿，《古太原县城》，太原：山西人民出版社，2006 年 6 月第 1 版

太原市地方志编纂委员会编，《太原古县志集全》，太原：三晋出版社，2012 年 11 月第 1 版

中国社会科学院经济研究所主办，《中国经济史研究》，2017 年第 1 期

写在最后的几句话

编写完《晋水之阳第一村》这本小册子，几位同志本想以放松的心情，庆贺一下数月来的劳作成果。一则这本小书以一个村社为小切口，经过深钻细研，挖掘出了曾在历史上辉煌了 1500年的恢宏大城。这座曾经雄踞中国北方的古都晋阳，不仅引发了中国社会制度变革转换的"三家分晋"，而且还为开创"文景之治"和"贞观之治"做出了不可磨灭的独特贡献，被史家称为"先有晋阳，后有汉唐"。就凭这些也足以增强人们的文化自信。二则大家也为古城营村现在主政理事的党委、村委成员高度重视历史文化的行为表现而赞赏。试想，如果中国的基层干部都能自觉地修史著书，那还有什么理由担心中国民族文化的复兴？然而，大家在高兴之余，也不免设问：这座由春秋时期赵氏集团创造的晋阳古城，怎么到了1500年之后的北宋初年，却同样由赵氏集团的子孙将它火烧水淹。难道赵光义根本就不晓得这是他的老祖宗千辛万苦为后世创下的基业？更何况赵宋王朝的开国谋臣赵普还发表过"半部论语治天下"的治国宏论。然而，铁一般的事实恰恰告诉世人，煌煌晋阳古城就是毁在了赵氏子孙手中。

历史不能假说，但我们今天的人们可以探究，赵光义当年火烧水淹晋阳城，为的是消灭北汉政权，实现赵宋的一统天下，但他伤害的是晋阳百姓。究其祸害而言，它又等于是"挖了赵家的祖坟"。难怪之后不久，赵家的子孙也被异族的金人掳去当了受尽屈辱的"奴仆"。这种违背"天理人伦"的因果报应，是古人信奉的逻辑。但我们按照马克思主义的唯物史观来分析，它确是违背了"天下者乃天下人之天下，而非一人之天下"的人类社会发展的客观规律。

当今的世界，已经进入多极化的时代，面对这样的大趋势，谁若胆敢发动战争，做出违背"天理人伦"之大道的事来，终将遭到"自取灭亡"的报应。就中国内部而言，谁要胆敢无视广大民众的生存发展权益，干出违背"天理人伦"的坏事和蠢事，也终将走向"自取灭亡"的不归之路。从这个意义上讲，正是我们回顾总结这一段历史经验的宗旨和使命。

至于说，本书要选择"一个村和一座城"的历史演变实际来讲述，还有一个需要思考的问题，那就是，在大规模进行现代化建设的过程中，究竟是要遵循历史发展的轨迹和规律，在传承的基础上发展，还是无视历史甚至否定历史，对历史的遗存推倒重来。这就成了当今时代"建设者"的又一道选择题。

按照习近平新时代中国特色社会主义思想的要义，中华民族的优秀儿女还是应当清醒地"敬畏历史，敬畏文化，敬畏生态"，切不可盲目地"崇洋媚外"，而应当脚踏实地在自家的沃土大地上，扎扎实实地走具有本土特色的社会主义道路为好。正如习近平同志三年间两度考察山西时对我们所告诫的那样，汾河是山西

人民的母亲河，一定要把汾河保护好，治理好。要让汾河的水量丰起来，水质好起来，风光美起来。要让"一泓清水入黄河"，再现"古晋阳"汾河晚渡美景。总书记还叮咛，太原要治山、治水、治城、治气一体推进，再现"锦绣太原城"盛景。

如此说来，我们的这本小书——《晋水之阳第一村》，通过叙述古城营的前世今生，也许能够给当今后世的读者提供思考。

笔者在古城营采风时有一组画面是这样展示的：

每年的"重阳节"，古城营村的九龙圣母庙内，处处浓情暖

△古太原县城晨曦

意，全村男女老少齐聚一堂，送馏米、喝牺汤、看表演，为全村1000多位老人送上节日的祝福。千余名老人欢聚一堂，品重阳糕、赏形意拳、吃长寿面。重阳节这天，村民们早早就聚集在有着近千年历史的九龙圣母庙内，为老人们献上一台自编自演的文艺节目，展现乡村老年人多姿多彩的生活和乐观向上的精神风貌。在活动正式开始前，一份份冒着热气的大米和红枣蒸酿而成的酸酸甜甜的馏米被送到不能来到现场的老人家里。现场，秧歌锣鼓激情开场热闹非凡，幼儿园的小朋友们唱歌跳舞童真烂漫，中小学生朗诵和武术表演展示着传统文化的魅力，80多岁的老人表演起形意拳来身手利落，步伐稳健，引来阵阵叫好。清脆悦耳的歌声、轻松欢快的舞蹈、悠扬和谐的乐声，老人们听得入神，看得喜悦，整个表演活动中，掌声雷动，笑声不断。表演结束，现场负责人为百岁老人献上红围巾，祝愿老人身体健康，日子红红火火。九龙圣母庙内摆起的千叟宴，由评选出的"好媳妇"呈上热腾腾的馏米，同时配以牺汤、长寿面敬献老人。米香浓郁、枣香诱人、酒香弥漫，体现古城营村德孝文化的久远、纯厚、浓郁。

当我们漫步古城营村时，虽无法穿越深埋于地下的宫殿和街巷，但历史的追思依旧会让每一名游客产生无尽的遐想。昔日的历史和场景似乎就在眼前——在古城街道上既有忙碌和悠闲的本地人，也有高鼻梁、蓝眼睛的带着满车货物远道而来做生意的外国人。

遥想千年古城往事，观照今日沧海桑田的变化，人们可以想见，历史的轨迹，想必真的是循着否定之否定的规律，螺旋式地前进的。从古之晋阳城到今天的古城营，再到未来，古今融通的"唐风晋韵，锦绣太原"再现，这既是当地人的期待，也应说是历史的必然！

草书于 2022 年新春之际

图书在版编目（ＣＩＰ）数据

晋水之阳第一村：古城营的前世今生 / 刘铁旦主编.
— 太原：山西人民出版社，2023.3
ISBN 978-7-203-12509-9

Ⅰ．①晋… Ⅱ．①刘… Ⅲ．①村史—太原 Ⅳ.
①K292.55

中国版本图书馆CIP数据核字（2022）第244389号

晋水之阳第一村：古城营的前世今生

主　　编：刘铁旦
责任编辑：翟丽娟
复　　审：李　鑫
终　　审：贺　权

出　版　者：山西出版传媒集团·山西人民出版社
地　　址：太原市建设南路21号
邮　　编：030012
发行营销：0351-4922220　4955996　4956039　4922127（传真）
天猫官网：http://sxrmcbs.tmall.com　电话：0351-4922159
E - m a i l：sxskcb@163.com　发行部
　　　　　　sxskcb@126.com　总编室
网　　址：www.sxskcb.com

经　销　者：山西出版传媒集团·山西人民出版社
承　印　厂：山西基因包装印刷科技股份有限公司

开　　本：787mm × 1092mm　1/16
印　　张：19.25
字　　数：260千字
版　　次：2023年3月　第1版
印　　次：2023年3月　第1次印刷
书　　号：ISBN 978-7-203-12509-9
定　　价：88.00 元

如有印装质量问题请与本社联系调换